经济增长与改革的逻辑

陈伟伟 著

经济日报出版社

北京

图书在版编目（CIP）数据

经济增长与改革的逻辑 / 陈伟伟著. -- 北京：经济日报出版社，2024. 10. -- ISBN 978-7-5196-1518-5

Ⅰ. F124.1

中国国家版本馆CIP数据核字第2024JN1583号

经济增长与改革的逻辑

JINGJI ZENGZHANG YU GAIGE DE LUOJI

陈伟伟 著

出　　版：	经济日报出版社
地　　址：	北京市西城区白纸坊东街2号院6号楼710（邮编100054）
经　　销：	全国新华书店
印　　刷：	天津裕同印刷有限公司
开　　本：	710mm×1000mm　1/16
印　　张：	11
字　　数：	160千字
版　　次：	2024年10月第1版
印　　次：	2024年10月第1次
定　　价：	58.00元

本社网址：www.edpbook.com.cn，微信公众号：经济日报出版社

未经许可，不得以任何方式复制或抄袭本书的部分或全部内容，版权所有，侵权必究。

本社法律顾问：北京天驰君泰律师事务所，张杰律师　举报信箱：zhangjie@tiantailaw.com

举报电话：010-63567684

本书如有印装质量问题，请与本社总编室联系，联系电话：010-63567684

前　言

以某个流派的经济学理论来指导区域经济发展，为什么在一段时期内好用，但是过一段时期会出现失灵？是经济学理论出现了错误，还是我们对经济学理论的理解出现了偏差？

通常我们对经济增长的理解为一个地区国内生产总值（GDP）的增长，但是这种理解是有偏差的，因为其前提条件是生产出来的社会财富（包括产品和服务）要能得到市场的认可和价值实现，否则这些财富只能是账面上的库存，而且会导致下一轮生产和扩张受阻。由此可见，我们通常说的经济增长理论实际上是一种"生产增长理论"，对应的仅是社会再生产理论中的"生产"环节。与之对应的则是以凯恩斯的宏观调控理论为指导，通过政府投资、出口、消费这"三驾马车"促进经济增长，这实际上只涉及了社会再生产理论中的"消费"环节。另外，我们通常使用的总供给总需求分析框架只包含了供给侧和需求侧，即社会再生产理论中的"生产"环节和"消费"环节，如果将其与社会再生产理论进行比较就会发现，还有"分配"环节和"交换"环节被忽略了。这可能就是我们以这些理论来指导经济发展时会出现时灵时不灵的原因所在，因为我们在以一个"局部"理论指导"全局"发展。

因此，真正的经济增长应该是有效社会财富的增加，即能得到市场认可和价值实现的社会财富增加。社会再生产理论是一个全局性的经济增长理论，而西方经济学中的经济增长理论、收入分配理论、市场均衡理论、"三驾马车"理论等均是局部性的理论，分别对应社会再生产理论的生产、分配、交换、消费四个环节。

所以，笔者以社会再生产理论为"纲"，以西方经济学中的四种理论为"用"，尝试构建了一个宏观经济分析框架。以该框架为指导，研究发现要想促进经济增长，关键点在于要使社会再生产链条相互衔接并良性循环。在制定经济增长政策时，除了要考虑供给侧（生产环节）和需求侧（消费环节）之外，还需要将分配环节和交换环节纳入决策。

以新构建的宏观经济分析框架为指导，研究中国农村土地承包责任制和对外开放的成功经验。研究发现，两项改革成功的经验都在于将社会再生产链条中存在梗阻的环节进行了"清淤"或"扩容"。如中国农村土地承包责任制打通了社会再生产系统中分配环节的梗阻，进而为生产环节和消费环节提供了有力支撑，为社会再生产系统的良性循环创造了条件。中国的对外开放则促进了交换环节的改革，通过市场竞争和价格机制优化配置资源，打通了社会再生产系统中交换环节的梗阻点。同时，对外开放的实施也进一步促进了生产环节、消费环节和分配环节的扩容。

通过将"研发"环节纳入分析框架，对社会再生产理论进行扩展，并研究中国促进经济增长、从制造业大国转型升级为制造业强国、系统推进改革的逻辑思路和重点领域。

上述理论研究是本书的第一部分"基础理论篇"。在第一部分理论指导下，构建了本书第二部分"理论与实践篇"，分别包括生产环节涉及的营商环境、消费环节涉及的消费环境、交换环节涉及的全国统一大市场建设、分配环节涉及的前沿热点数据要素参与收入分配等四方面理论和实践研究。其中营商环境包括优化我国区域营商环境的逻辑框架，以及地方政府优化营商环境的经验总结；消费环境包括我国消费环境的薄弱环节和改进方向思考，以及相关国家保护消费者权益的经验借鉴；建设全国统一大市场包括中央文件解读及以交易平台为抓手推动全国统一大市场建设的思考。

本书第三部分以"平台"为切入点，设置了三种不同层次的场景应用，分别是要素交易平台、开发区平台、城市平台。这里的"平台"是指汇聚了众多供给方和需求方的载体。如果是用于交易的平台，那它实际上是一个市场，线上交易平台即是一个线上交易市场，而且线上交易平台是"伪装"成企业的市场。如果是"开发区平台"，那它实际上是汇聚了众多政策供给方（地方政府经济部门）和需求方（市场主体）的一个空间载体。如果将平台扩展到"城市平台"，那它实际上是汇聚了众多基础设施和公共服务供给方（地方政府部门）和需求方（市场主体、人民群众）的一个空间载体。市场主体在各类平台上的行为，实际上浓缩了社会再生产的生产、分配、交换、消费四个完整环节。以"平台"视角来观察和研究各种经济社会现象会产生意想不到的良好效果。

目　　录

第一篇：基础理论

第一章　经济增长与改革的理论逻辑 ……………………… 3
　一、经济增长理论的时效性 ……………………………………… 3
　二、基于社会再生产理论的经济增长本质思辨 ………………… 4
　三、基于新构建的宏观经济分析框架梳理我国改革
　　　开放成功的逻辑 …………………………………………… 12
　四、基于社会再生产理论的经济发展和改革逻辑 …………… 17
　五、研究结论及对未来改革的思考 …………………………… 19

第二篇：理论与实践

第二章　优化营商环境的逻辑 ……………………………… 25
　一、营商环境概念的界定与辨析 ……………………………… 25
　二、优化营商环境的总体思路和落脚点 ……………………… 27
　三、以马斯洛需求层次理论为基础系统把握企业法人需求 …… 29
　四、优化区域营商环境的逻辑框架构建 ……………………… 31
　五、基于营商环境优化逻辑框架的政策建议 ………………… 38

第三章　优化营商环境经验总结 …………………………… 43
　一、地方政府优化营商环境的经验总结 ……………………… 43

二、地方政府优化营商环境存在的问题分析 ············ 46
　　三、地方政府优化营商环境的思路及政策建议 ············ 48

第四章　优化消费环境的方向 ············ 50
　　一、消费环境的概念与内涵 ············ 50
　　二、消费环境的薄弱环节分析 ············ 52
　　三、消费环境薄弱的原因分析 ············ 54
　　四、我国消费环境的改进方向 ············ 56

第五章　消费者权益保护经验借鉴 ············ 58
　　一、消费者概念界定及消费者的权益 ············ 58
　　二、美、英、日三国对消费者权益保护的实践 ············ 60
　　三、各国消费者权益保护工作对我国的启示 ············ 66

第六章　建设全国统一大市场 ············ 69
　　一、建设全国统一大市场的背景 ············ 69
　　二、为什么要建设全国统一大市场 ············ 70
　　三、建设全国统一大市场的机遇和挑战 ············ 71
　　四、如何建设全国统一大市场 ············ 72
　　五、准确把握建设全国统一大市场的几个关键 ············ 73

第七章　以交易平台为抓手建设统一市场 ············ 75
　　一、对交易平台的理解 ············ 75
　　二、交易平台带来的变革 ············ 76
　　三、交易平台的保障机制构建 ············ 77
　　四、交易平台的价值体现 ············ 79
　　五、交易平台的特性 ············ 81
　　六、对交易平台的监管 ············ 82

第八章　数据要素参与收入分配 ············ 85
　　一、完善数据要素参与收入分配的重要意义 ············ 85
　　二、数据要素的内涵、特征及参与收入分配的依据 ············ 87
　　三、数据要素参与收入分配的难点和堵点 ············ 90

四、数据要素参与收入分配的思路 ················· 93
　　五、数据要素参与收入分配的实现形式及配套措施 ········· 95

第三篇：场景应用

要素交易平台

第九章　土地要素交易平台 ····················· 103
　　一、土地要素管理制度与衍生出的土地要素市场 ········· 103
　　二、我国土地要素交易平台的建设推进 ·············· 105
　　三、土地要素交易平台的社会价值 ················ 107
　　四、我国土地要素市场及交易平台存在的问题 ·········· 109
　　五、完善土地要素市场及交易平台的政策建议 ·········· 111

第十章　劳动力要素交易平台 ··················· 113
　　一、劳动力要素市场涉及的人力资源业务梳理 ·········· 113
　　二、劳动力要素交易平台的保障机制 ··············· 114
　　三、劳动力要素交易平台的社会价值 ··············· 117
　　四、劳动力要素市场及交易平台发展中存在的问题 ······· 118
　　五、完善劳动力要素市场及交易平台的政策建议 ········ 120

第十一章　技术要素交易平台 ··················· 123
　　一、我国技术要素市场中介服务体系建设推进情况 ······· 123
　　二、我国技术要素市场及中介服务体系存在的问题 ······· 124
　　三、技术要素交易平台的保障机制 ················ 126
　　四、技术要素交易平台的社会价值 ················ 128
　　五、完善技术要素交易平台的政策建议 ·············· 130

开发区平台

第十二章　加快推进开发区转型升级 ··············· 133
　　一、时代变迁和内外部环境变化使开发区发展面临诸多挑战 ···· 133

二、开发区转型升级需要破解不同层次的体制机制困境 …… 134
三、促进开发区转型升级发展的对策建议 …… 136

城市平台

第十三章 以县城为平台载体促进城乡融合发展 …… 138
一、促进县域经济发展的重要性 …… 138
二、当前县域经济发展存在的问题 …… 140
三、地方政府促进县域小城镇经济发展的思路 …… 141

第十四章 以城市群为平台载体促进区域产业协调发展 …… 146
一、城市群产业协调发展分析框架构建 …… 146
二、影响城市群产业协调发展的体制机制障碍分析 …… 149
三、促进城市群产业协调发展的总体思路、路径和重点领域 …… 151

参考文献 …… 155
后记 …… 161

第一篇：基础理论

第一章
经济增长与改革的理论逻辑

为了满足人类生存与发展需要，经济增长一直是经济学领域的研究重点。关于经济增长的理论也在不断创新，以总结现实世界中的经济增长规律和解决现实中遇到的经济问题。

一、经济增长理论的时效性

19世纪初提出的萨伊定律认为供给创造自己的需求，经济一般不会发生任何生产过剩的危机，更不可能出现就业不足的情况，但是后来的历史发展证明生产过剩和就业不足是存在的。萨伊定律在当时的历史条件下可以很好地解释当时的经济增长情况并指导社会生产，这是因为萨伊定律适用于短缺型经济。到20世纪30年代初，美国经济出现大萧条，经济出现供给相对过剩，萨伊定律的供给创造需求无法解释这种经济现象。为了解决当时经济发展遇到的困境，凯恩斯从古典经济学理论中发展出宏观经济学，认为政府应该在经济增长过程中承担更大的责任。根据国民收入核算理论的支出法，国民经济产出由消费、投资、政府购买、净出口等几部分构成，如果将政府购买看成是一种消费，则国民经济产出可以理解为由消费、投资、出口"三驾马车"拉动。此时经济增长理论的视角从萨伊的"供给侧"转向了凯恩斯的"需求侧"。历史行进到20世纪70年代的时候，美国经济增长再次遭遇困境，出现了经济增长停滞和通货膨胀并存的现象，此时凯恩斯的宏观经济学失灵。为了解决当时美国的国民经济增长难题，里根总统实行减税等政策，最终推动美国经济走出泥潭。

通过上述梳理可以发现，不同流派的经济学理论或者不同历史时期的经济学理论都能对当时的实际情况进行比较完善的解释，但是存在的问题是这些经济学理论都有其适用前提，随着历史的推进，当新的情况出现时，前一阶段"好用"的经济学理论可能就会失灵，此时如果还以以往的经济理论为指导发展经济，结果就可能会"南辕北辙"。由此我们可能会得出经济学理论具有局限性和时效性的结论，从而怀疑经济学理论的正确性。

对于上述结论，笔者试图从政治经济学的社会再生产理论出发，在重新认识经济增长本质和西方经济学中经济增长等理论的基础上构建一个宏观经济分析框架，寻找经济增长出现各种问题的根源，并推导出经济体制改革的逻辑。

二、基于社会再生产理论的经济增长本质思辨

（一）西方经济学经济增长理论和政治经济学社会再生产理论

一个地区的经济增长从狭义的角度讲是指国内生产总值（GDP）的增长，但是其实质是有效社会财富的增加。为什么说其实质是有效社会财富的增加呢？因为即使生产增长了，象征社会财富的社会总产出增加了，但是如果生产出来的社会财富（包括产品和服务）得不到市场的认可和价值实现，那么这些财富只能是账面上的库存，而且会导致下一轮生产和扩张受阻。

1. 对西方经济学中经济增长理论的重新认识

从西方经济学角度出发，研究社会财富的增加实际上既可以从生产要素的角度进行，也可以从社会总产出的角度进行。从生产要素角度出发进行研究，即我们通常理解的西方经济学经济增长理论，一系列的经济增长

理论探讨了劳动、资本、技术、企业家才能、土地等生产要素在促进经济增长过程中发挥的作用和所处的地位；从社会总产出角度出发进行研究，即我们通常理解的宏观经济学国民收入核算理论的支出法，该理论从总需求的角度将社会总产出分为消费、投资、净出口，并据此总结出推动经济增长的"三驾马车"，由此各国在相当长的时期根据凯恩斯的宏观经济理论结合本国实际制定国家宏观经济调控政策。

由此可见西方经济学的经济增长理论和国民收入核算理论的支出法实际上都可以理解为对经济增长的研究，区别在于前者从经济增长的供给侧出发，后者从经济增长的需求侧出发。西方经济学中的经济增长理论从生产要素供给角度解释经济增长动力，其本质实际上是一种"生产增长理论"；国民收入核算理论的收入法则是从需求角度解释经济增长动力，其本质实际上是一种"需求增长理论"。

无论是想以"生产增长理论"为指导实现生产增长进而促进经济增长，还是想以"需求增长理论"为指导实现需求增长进而促进经济增长，实际上都有偏颇。这两种理论从促进经济增长的角度看都具有片面性，均只从供给或需求中的一个侧面对经济增长动力进行了研究。

用经济增长理论这种提法为"生产增长理论"披上外衣，这种思路实际上暗含了一个很重要的假设前提，即生产出来的产品和服务是有效的，能被社会需求消化掉。即供给和需求之间要平衡，而且不仅要求供给和需求的总量保持平衡，而且还要求供给和需求的结构要相适应。但是由于存在信息不对称等问题，供给和需求很难一一对应，由此导致经济增长的供给侧动力和需求侧动力失衡。

因此，可以设想放松上述假设前提后可能产生的后果，即当供给和需求不平衡的时候，就有可能出现 20 世纪 30 年代的美国经济大萧条，或者 20 世纪 70 年代的美国经济滞胀。这就解释了为什么西方经济学的经济增长理论对现实经济增长问题的解释总是存在时效性，即在特定历史时期是有效的，但是当出现新情况后，原来"很好用"的经济增长理论对新的现实的解释力度就会减弱甚至无法解释。

对经济增长理论的再认识进行梳理，西方经济学中的经济增长理论实际上应该理解为"生产增长理论"，研究的问题是促进经济增长的供给侧动力；与之对应的是宏观经济学中关于"三驾马车"的宏观调控理论，应该理解为"需求增长理论"，研究的问题是促进经济增长的需求侧动力。为了促进经济平稳增长，供给侧和需求侧的动力要均衡，这体现在供给总量和需求总量均衡以及供给结构和需求结构均衡两方面。为了研究供给总量和需求总量均衡，西方经济学中发展出了总供给和总需求的宏观经济分析框架。

2. 对政治经济学中社会再生产理论的重新认识

从政治经济学角度出发，研究社会财富的增加实际上可以从社会再生产理论的角度进行。社会再生产理论认为在社会再生产过程中形成生产、分配、交换、消费四种生产关系，我们可以将这四种生产关系理解为社会再生产过程中的四个环节，其中生产环节和消费环节既是起点，又是终点，而分配环节和交换环节同样必不可少。四个环节之间既相互促进，又相互制约。一方面生产环节生产出的产品决定着分配、交换、消费的对象、水平和结构、具体形式、社会性质；另一方面分配、交换、消费又会对生产起反作用。由此可见社会再生产理论的四个环节组成一个系统（以下简称"社会再生产系统"），要想实现持续的社会再生产和社会财富增加，社会再生产系统内部需要统筹协调和系统推进，任何一个环节出现梗阻或者成为短板，社会再生产都将受到不利影响。

通过对西方经济学中经济增长理论的再认识，我们可以将西方经济学中的经济增长理论理解为"生产增长理论"，研究的问题是促进经济增长的供给侧动力。根据经济增长理论可知经济增长的供给侧动力主要包括劳动、资本、技术三类生产要素（后续理论发展将企业家才能、信息、土地等要素也纳入了模型中），由此可见西方经济学中经济增长理论所涉及的领域实际上就是社会再生产系统中的生产环节，即如何提高资源利用效率和生产率。

而国民收入核算理论的支出法关于"三驾马车"的论述可以理解为

"需求增长理论"，研究的问题是促进经济增长的需求侧动力，包括消费、投资、净出口"三驾马车"。与社会再生产系统进行比较，就会发现其对应的是社会再生产系统四个环节中的消费环节。

为了研究供给（生产环节）和需求（消费环节）的均衡，西方经济学发展出市场均衡理论，从总供给和总需求角度进行研究，将生产和消费两个环节对接起来寻找市场均衡点，由此可见西方经济学中的市场均衡理论对应的实际上是社会再生产系统中的交换环节。

如果再对西方经济学中的国民收入核算理论的收入法或者收入分配理论进行对照分析，可知两者研究的问题是劳动、资本、技术、土地等生产要素参与社会生产后对社会总产出的分配，其对应的实际上是社会再生产系统中的分配环节。

进一步分析，国民收入核算理论的支出法和收入法是从不同角度对社会总产出的统计核算方法，因此只能说国民收入核算理论的支出法和收入法分别是对社会再生产系统消费环节和分配环节的统计核算方法，支撑消费环节和分配环节的理论实际上是需求理论和收入分配理论。另外，市场均衡理论对应着社会再生产系统中的交换环节，进一步支撑交换环节完成的则是市场竞争和价格理论。

综上所述，我们可以通过社会再生产系统将西方经济学中经济增长理论、收入分配理论（或国民收入核算理论的收入法）、市场竞争和价格理论（或市场均衡理论）、需求理论（或国民收入核算理论的支出法、"三驾马车"）等有机串联起来。

3. 对经济增长理论的深化认识

根据分析可知，西方经济学的经济增长理论可以理解为"生产增长理论"，用经济增长理论的提法为"生产增长理论"披上外衣，一方面暗含了一个很重要的假设前提，即生产出的产品和服务是有效的；另一方面由于其假设前提的隐蔽性带有了很大的迷惑性，即容易让人误解为通过扩大生产提高产能就能促进经济增长。

同理，社会再生产的提法也具有一定迷惑性，社会再生产研究的不仅是生产，更是一个过程，是一个完整的循环体系，包含了生产、分配、交换、消费四个环节。因此，笔者认为社会再生产理论实际上是一种真正的"经济增长理论"，为了区别于西方经济学中的经济增长理论，社会再生产理论可以理解为"社会财富增长理论"。

（二）基于社会再生产理论构建宏观经济分析框架

基于社会再生产理论可以构建一个宏观经济分析框架，即以社会再生产理论为纲，以西方经济学中对应的各理论为用，将政治经济学和西方经济学有机统一起来，为系统分析宏观经济运行提供思路，为系统梳理改革逻辑提供分析框架。

1. "链式"宏观经济分析框架

分析框架的第一种构建思路是以社会再生产理论为纲，按照社会再生产系统中四个环节的先后顺序，将西方经济学中对应的各种理论串联起来构建"链式"分析框架（见图1）。

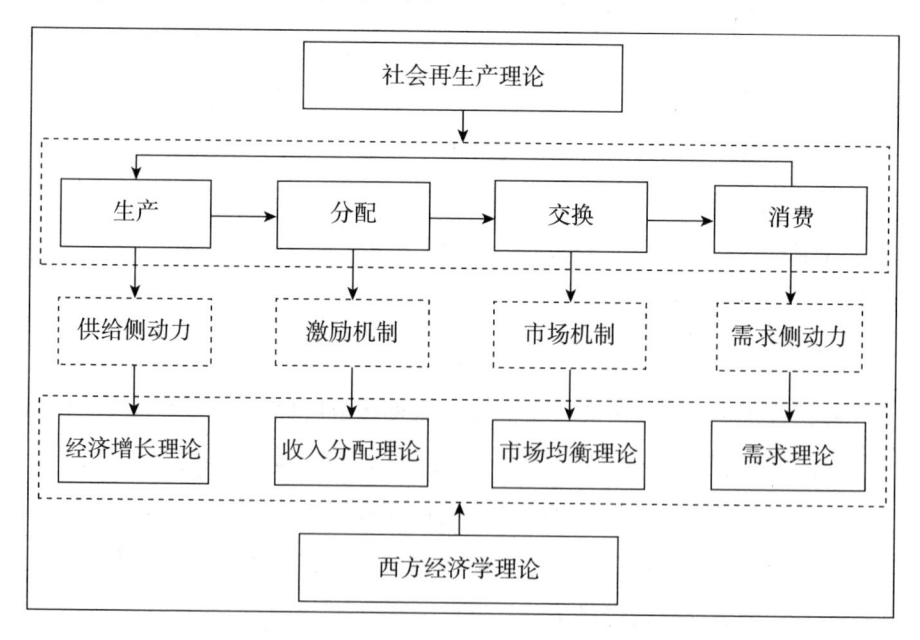

图1 "链式"宏观经济分析框架

"链式"分析框架将社会再生产系统中生产、分配、交换、消费四个环节按照顺序串联起来,使之成为一个周而复始的循环系统,这种分析框架的思路是将社会再生产系统的四个环节看成类似产业链一样的链条。在这种思路指导下,经济要想实现持续增长,关键在于社会再生产系统中四个环节要相互联通并形成良性循环,只有这样社会财富才能被源源不断地生产出来并满足人民的生产生活需要。

经济增长出现问题可以形象地理解为经济增长生了病,病因就在于社会再生产链条的循环不畅通,其直接表现是生产、分配、交换、消费四个环节中交换环节无法顺利完成。政治经济学认为交换环节是商品实现价值的"惊险的一跃",如果交换环节无法完成,社会再生产就难以为继。而交换环节出现问题,其根源可能是社会再生产链条中任何一环或多环存在问题,导致社会再生产链条出现梗阻。

2. "桥式"宏观经济分析框架

分析框架的第二种构建思路是以社会再生产理论为纲,按照社会再生产系统中四个环节之间相互作用的逻辑,构建"桥式"宏观经济分析框架(见图2)。

"桥式"宏观经济分析框架将社会再生产系统中生产、分配、交换、消费四个环节按其相互作用的内在逻辑组合成"立体的桥型"。生产环节和消费环节是社会再生产系统的起点和终点,两者位于分析框架的两端,类似于"桥的两岸";交换环节连接生产环节和消费环节,担负着生产环节和消费环节之间物流(商品流)和资金流的连通和对流,完成商品实现价值的"惊险的一跃",在分析框架中类似于"桥面";分配环节决定着各参与主体在市场上的购买能力,对于交换环节的顺利完成具有举足轻重的作用,分配环节在分析框架中类似于"桥墩",承担着支撑"桥面"的重任。

"桥式"宏观经济分析框架类似于西方经济学中基于供给和需求的宏观经济分析框架,但是改进之处在于将交换环节和分配环节纳入了分析框架,使宏观经济分析更系统、更全面,同时也能更加形象直观地展示不同环节之间的逻辑关系。

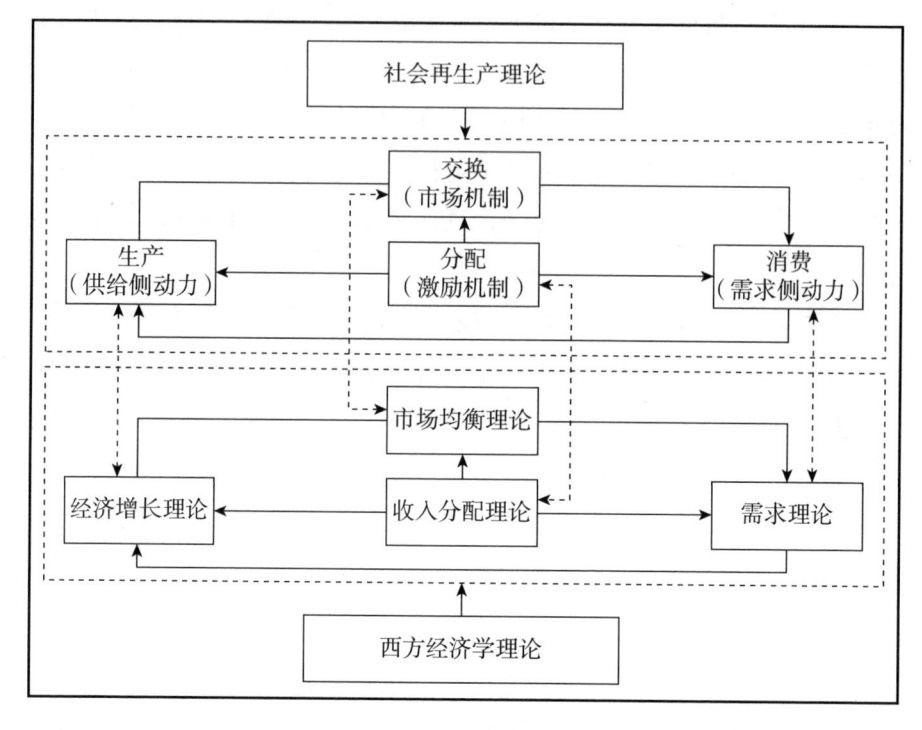

图 2 "桥式"宏观经济分析框架

3. 分析框架的应用思路

通过新构建的宏观经济分析框架很容易理解为什么经常会出现现实情况发生较大变化后，西方经济学中的经济增长理论解释力度减弱甚至无法解释。因为经济增长或者说社会财富增加是一个包含生产、分配、交换、消费等多个环节的社会再生产系统，系统内各环节相互促进、相互制约。西方经济学中一种理论一般只涉及其中一个环节或者一个环节的某一方面，因此当现实中其他环节出现问题时，该经济理论对现实的解释力就会下降。

对于"链式"宏观经济分析框架和"桥式"宏观经济分析框架来说，两者并无本质不同，实际运用中也无优劣之分，两者可以结合使用。按照这两个宏观经济分析框架的构建思路，在实际运用中对宏观经济的分析包括两个层次：

第一层是从社会再生产系统的角度出发，分析并判断宏观经济运行是否顺畅。如果不顺畅，首先分析问题出在哪个或哪几个环节，然后针对问题环节，分析并判断是该环节出现了"堵塞"导致整个系统无法运转，还是该环节"比较虚弱"从而降低了整个系统的运转效率。

第二层是以社会再生产系统为纲，将分析层面进一步下探到社会再生产系统中各环节对应的西方经济学理论层面，用相应的西方经济学理论分析对应环节存在的问题。如生产环节可以运用西方经济学的经济增长理论进行分析；消费环节可以首先运用国民收入核算的支出法分析消费环节的需求结构，然后根据需求理论等进行深入分析；分配环节可以首先运用国民收入核算的收入法分析分配环节的结构，然后根据收入分配理论等进行深入分析；交换环节可以首先运用市场均衡理论分析市场总体运行情况，然后运用市场竞争理论和价格理论等深入分析。

（三）经济增长的动力和实现经济增长的关键点

1. 对经济增长动力的理解

据分析可知，西方经济学的经济增长理论并不能从根本上解决经济增长问题，因为经济增长理论实际上是一种研究生产增长的理论，而真正的经济增长或者说有效社会财富增加涉及社会再生产系统的生产、分配、交换、消费四个环节。因此，有必要重新理解经济增长的动力。

西方经济学经济增长理论的研究表明劳动、资本、技术等生产要素是促进经济增长的供给侧动力，虽然后续理论发展将企业家才能、信息、土地等要素也纳入了经济增长理论模型中，但是这些要素从根源上说还是可以划分为劳动、资本和技术三个类别，因此这三种生产要素可以理解为经济增长的供给侧动力，可以明确为供给侧"三驾马车"。而国民收入核算理论的支出法总结的消费、投资、净出口"三驾马车"，实际上是需求侧的内部结构，是促进经济增长的需求侧动力，可以明确为需求侧"三驾马车"。

2. 实现经济持续增长的关键点分析

无论是经济增长理论还是国民收入核算理论的支出法，其研究都暗含假设前提，即假设供给决定需求或者需求决定供给，所以无论是供给侧"三驾马车"还是需求侧"三驾马车"都只是单边研究。根据社会再生产系统可知，只要供给侧动力和需求侧动力无法对接或者两侧动力不平衡，社会再生产循环就无法继续，经济增长就会出问题。

根据新构建的宏观经济分析框架，供给侧动力和需求侧动力无法对接或者不平衡可能有以下几方面原因：一是供给的产品不能得到市场认可，商品无法实现价值；二是市场需求没有对应的产品供应；三是交换环节存在制度障碍，包括市场竞争和价格机制等，使生产环节和消费环节之间的通道被堵塞或者变窄；四是分配环节有失公允，使消费者的购买能力下降，无法支撑生产环节和消费环节的对接。由此导致整个社会再生产系统难以协调运行，社会再生产循环难以为继。外在表象即为供给侧和需求侧出现"总量"失衡或"结构"失衡，进而使产品均衡量和均衡价格发生变化，这就是西方经济学的市场均衡理论研究的对象。

因此，以新构建的宏观经济分析框架为指导可知，要想实现经济增长应该从促进社会再生产链条循环的角度（"链式"宏观经济分析框架）或者促进社会再生产系统协调运行的角度（"桥式"宏观经济分析框架）出发综合考虑。一是对经济增长的研究应该从供给侧和需求侧两个方面同时着手，两个方面缺一不可。二是在供给侧和需求侧之外，还需要兼顾分析分配环节和交换环节，因为供给侧和需求侧仅对应着社会再生产系统中的生产环节和消费环节。

三、基于新构建的宏观经济分析框架梳理我国改革开放成功的逻辑

在社会再生产理论基础上理顺各种经济学理论之间的关系后，可以运用新构建的宏观经济分析框架研究我国改革开放的成功经验。分析从两个

层面展开：一是从社会再生产系统的循环和协调运行角度进行分析；二是以社会再生产理论为纲，综合运用西方经济学理论对社会再生产系统的四个环节进行深入分析。笔者选取改革开放中的农村土地承包责任制改革、对外开放两个典型案例进行分析，试图从一个新的视角梳理我国改革开放成功的逻辑。

（一）我国农村土地承包责任制改革的成功逻辑

我国农村土地属于集体所有，在农村实行土地承包责任制之前，农民以村民小组（生产队）为单位组织农业生产，农民生活所需物资按照"工分"进行分配。在这种土地制度安排下农民的生活水平没有显著提升，农民的生产积极性也受到了不同程度的影响，在集体劳动中存在越来越多"出工不出力"的现象。后来为了保障人民的基本生存权，国家保留了农民的少量自留地。正是因为自留地这个小小的制度创新，为我国农村的土地承包责任制打开了一道口子。因为在生存所需完全依靠集体分配的情况下，农民别无选择需要参加集体组织的生产劳动。但是在允许农民保留少量自留地之后，农民的生存得到了基本保障，他们在集体劳动投入上就有了更大的自主选择权。农民在集体劳动中通过降低劳动强度的形式"用脚投票"，同时将更多劳动投入自家的自留地。制度逐渐演变，最终由基层农民创造性地提出了土地承包责任制，农村的生产力得到极大解放。

1. 社会再生产系统的循环和协调运行

从社会再生产系统的循环和协调运行角度分析，在实行土地承包责任制之前，我国农业生产的生产、分配、交换、消费四个环节都存在问题，由此导致农业生产的社会再生产系统运转不畅。在生产环节，由于劳动生产率低，"看天"吃饭，导致生产环节供给不足，在短缺经济背景下，生产环节出现问题导致整个社会再生产系统从起点开始就无法良性运转。在消费环节，供给不足无法满足消费需求，整个社会处于物资匮乏状态。更严重的是分配环节和交换环节存在的问题，在分配环节，当时实行的是按"工分"分配，但是由于农民参加集体劳动的计量标准不能准确地衡量劳动贡献，导致农民劳动积极性下降，同时由于工农产品价格"剪刀差"，使农民群体在收入分配中处于弱势地位，由此导致分配环节出现严重梗阻，造成整个社会再生产系统运转不畅。在交换环节，当时实行的是计划经济，市场竞争和价格机制发挥作用的空间很小，农民只能被动接受工农产品价格"剪刀差"，交换环节的梗阻现象也比较严重。但是由于计划经济的存在，计划部分代替了市场交换，使交换环节在社会再生产系统中的重要性下降，交换环节的梗阻只是影响整个社会再生产系统的运行效率，不至于造成整个系统无法运转。

实行土地承包责任制之后，农业生产的社会再生产系统中改进最大的环节是分配环节，"交够国家的，留足集体的，剩下都是自己的"，极大地调动了农民的生产积极性。分配环节的梗阻被打通，从而为生产环节和消费环节提供了有力支撑，使生产环节的供给增加，消费环节的需求得到了更大满足。

比较土地承包责任制实施前后，可以发现在土地承包责任制实施后社会再生产系统运转更顺畅、更协调，从而促进了农业领域社会再生产系统的良性循环。

2. 运用西方经济学理论分析社会再生产系统的各环节

以社会再生产理论为纲，运用西方经济学理论深入研究社会再生产系统的不同环节。对于生产环节，运用经济增长理论进行分析，生产增长依靠劳动、资本、技术（供给侧"三驾马车"）等生产要素的投入和组合，在土地承包责任制实施前我国农村的生产活动主要依靠劳动投入，资本积累和技术水平都较低，因此在劳动积极性受到影响的情况下，生产环节受阻。在土地承包责任制实施后，农民的劳动积极性增强，自觉投入的劳动增加，生产环节启动，农业产出增加。

对于消费环节，首先运用国民收入核算理论的支出法分析需求结构，然后运用需求理论等深入分析。根据支出法可知，需求侧"三驾马车"是消费、投资、净出口，运用需求理论可以对其中的消费进行分析，有效需求需要购买欲望和购买能力同时具备，因此对比土地承包责任制实施前后可以发现，在实施后由于农业产出增加，农民在满足自身需求的情况下，剩余的可用于交换的产品增加，农民收入水平随之增加，购买能力也有一定提高。

对于分配环节，首先运用国民收入核算理论的收入法分析国民收入分配结构，然后运用收入分配理论等深入分析。在这个案例中值得指出的是在土地承包责任制实施后，农民的收入水平相比实施前确有较大提升，但是由于长期以来我国选择了以工业化、城市化为主的现代化道路，经济发展和社会建设的重点主要在城市，农村的资源大量流向城市，如农村劳动力、农村的资金都向城市汇集，造成农村发展缓慢。

对于交换环节，首先可以运用市场均衡理论分析市场总体运行，然后运用市场竞争理论和价格理论深入分析。在实施土地承包责任制之前以及之后很长一段时间，由于计划经济、价格双轨制等制度性因素的影响，交换环节一直都是我国社会再生产系统运行的弱项。

3. 农村土地承包责任制改革成功的经验总结

从社会再生产系统角度看，土地承包责任制的实施最关键的是打通了社会再生产系统中分配环节的梗阻，进而为生产环节和消费环节提供了有力支撑，为社会再生产系统的良性循环创造了条件。

从西方经济学角度看，我国农村土地承包责任制的实施表面上看解决的是土地要素的问题，但是实际上是通过完善收入分配机制，激发劳动积极性，解决了供给侧"三驾马车"中的劳动要素投入问题，进而在资本积累不足和技术落后的情况下，依靠劳动力投入提升农业生产能力。

（二）我国改革开放促进经济快速增长的成功经验分析

1979年，我国开始实施对内改革和对外开放政策，中国经济开始快速增长，尤其是2001年中国加入世界贸易组织（WTO）后，对外开放的红利加速涌现，中国的国内生产总值（GDP）在2010年成为世界第二。

1. 社会再生产系统的循环和协调运行

从社会再生产系统的循环和协调运行角度分析，我国实施对外开放并与国际市场接轨使社会再生产系统的各个环节都得到了改革和扩容,进一步理顺了生产、分配、交换和消费四个环节,使整个社会再生产系统运转更顺畅、更协调。

在生产环节,因为对外开放使国外制造业开始向国内转移,中国逐渐形成完整的制造业产业链,发展成为全球制造业大国,国内可以生产的产品极大丰富。生产环节的扩容为社会再生产系统的循环打下了坚实基础。

在分配环节,因为制造业的崛起和城市化的推进,使城市和农村的劳动力有了更多的就业选择,尤其是劳动要素的工资水平逐年提升,在很大程度上让人们分享到了改革开放和经济发展的成果。分配环节向劳动要素适当倾斜有利于激发劳动的积极性,同时有利于平衡资本要素与劳动要素之间的相对地位,为生产环节和消费环节提供有力支撑。

在交换环节,在对外开放过程中通过建设和完善社会主义市场经济制度以及推进价格改革实现与国际市场接轨,使全国的资源配置效率得到了很大提升。交换环节是对外开放过程中,社会再生产系统四个环节中改革力度最大的一环。正是因为交换环节的大力改革,彻底打通了社会再生产系统四个环节中最后的梗阻点,使得在计划经济时期作用不明显的交换环节开始运转。

在消费环节,因为国内居民购买能力的提升以及国际市场的对接,使生产出来的产品能及时通过市场交换完成价值实现的"惊险的一跃"。

2. 运用西方经济学理论分析社会再生产系统的各环节

进一步以社会再生产理论为纲,运用西方经济学理论对四个环节进行分析。对于生产环节,根据经济增长理论总结出的供给侧"三驾马车"可知,对外开放打开国门引来了当时国内急缺的资本要素和技术要素,为经济增长在供给侧的生产要素层面打下了坚实基础。对于分配环节,一是由于资本和技术的引入,使劳动生产率得到较大提升,国内劳动要素的收入水平提高,二是改变了我国农业为工业发展积累资本的收入分配状况。对于交换环节,市场竞争机制和价格形成机制逐渐完善,我国非公有制经济蓬勃发展,市场主体多元化,市场有效性日益提升。

对于消费环节，需求侧"三驾马车"中的消费、投资、净出口相继发力，为经济增长提供源源不断的需求侧动力。消费方面由于各种生产要素尤其是劳动要素通过分配环节获得了更高的收入从而提升了购买能力；投资方面包括大量的政府投资、民间投资和外商直接投资；净出口方面由于打通了国际国内两个市场，需求从内需扩展到了外需。

3. 对外开放成功的经验总结

从社会再生产系统角度看，对外开放的实施最关键的是促进了交换环节的改革，通过市场竞争和价格机制优化配置资源，从而打通了社会再生产系统中的最后梗阻点。同时，对外开放的实施也进一步促进了生产环节、消费环节和分配环节的扩容。交换环节梗阻点的消除以及其他三个环节的扩容，使社会再生产系统的循环更加顺畅、更加协调。

从西方经济学角度看，对外开放的实施吸引了大量的资本和技术，释放了我国巨大的人口红利。同时，民营经济和外资的发展促进了经济效率的提升，国际市场的打开能及时消化我国快速增长的产能。

四、基于社会再生产理论的经济发展和改革逻辑

（一）对宏观经济分析框架的扩展

如果以构建的宏观经济分析框架来分析和促进经济增长，可以解释何以成就制造业大国，但是要想从制造业大国转型升级为制造业强国，还需要将该分析框架进一步扩展。即将社会再生产理论中的生产、分配、交换、消费四个环节扩展为研发、生产、分配、交换、消费五个环节，将创新相关的理论纳入分析框架并与研发环节对应。

将研发环节引入分析框架，在理论上可以延长社会再生产理论的链条，更全面地认识社会再生产过程。在实践中有利于提升对研发和创新的重视，促进经济增长动力转换。另外，引入研发环节可以使后续各环节扩容，因为科技创新将促进整个社会或产业进步，带动生产、分配、交换、

消费等各环节发展，尤其是能为生产和消费带来更大的选择空间。从这个角度看，研发环节在扩展后的社会再生产系统中所起的作用与分配环节类似，都是基础性的支撑作用。

基于社会再生产理论构建的宏观经济分析框架有"链式"分析框架和"桥式"分析框架两种形式，对分析框架进行扩展同样有两种形式：一是在"链式"宏观经济分析框架基础上，在生产环节之前增加研发环节，并将创新相关的理论与之对应（见图3）。二是在"桥式"宏观经济分析框架基础上，将研发环节，作为与分配环节并列的两大支柱（见图4）。

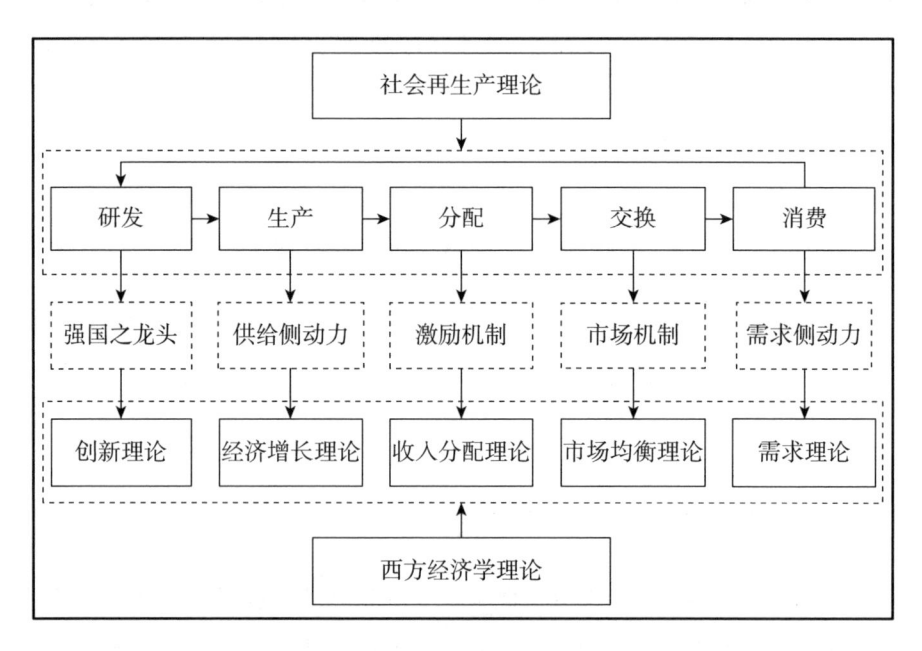

图3 扩展后的"链式"宏观经济分析框架

（二）发展经济和推进改革的逻辑

促进经济发展和推进改革的逻辑都可以根据扩展后的宏观经济分析框架进行推导。总的逻辑有两点：一是理顺扩展后的社会再生产系统各个环节，包括研发、生产、分配、交换、消费，清除其中的梗阻点，打通各环节之间的联系，使扩展后的社会再生产系统有序循环起来。二是在清除各个环节梗阻点的基础上,进一步促进各环节扩容。

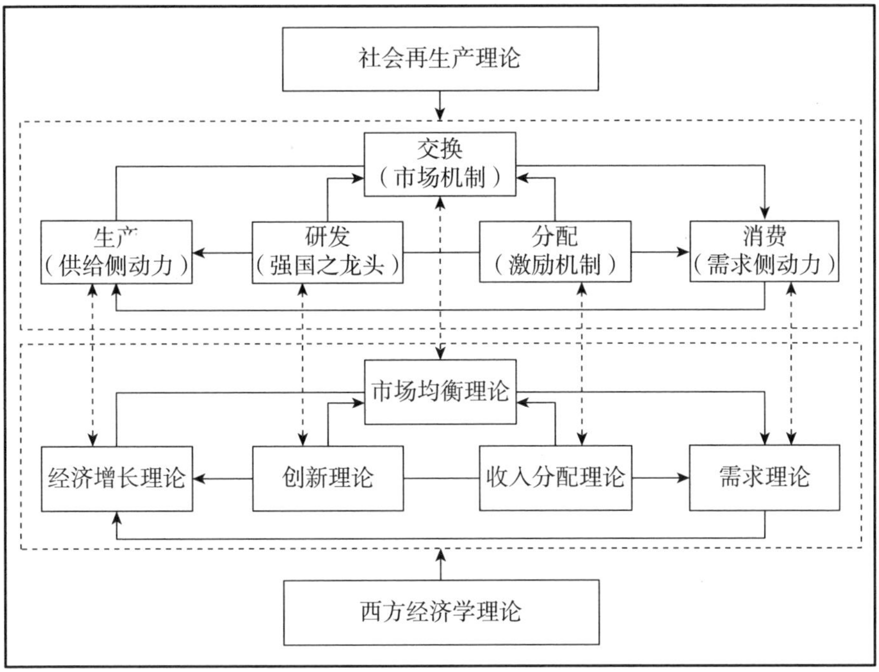

图 4 扩展后的"桥式"宏观经济分析框架

五、研究结论及对未来改革的思考

(一)研究结论

通过系统研究,可以得到以下几点主要结论:

一是西方经济学中的经济增长理论不能从根本上解决经济增长问题,因为它暗含的假设前提是供给侧生产出的产品都能实现价值,但是在供过于求的情况下该假设不成立。因此,西方经济学中的经济增长理论实际上是一种研究生产增长的理论。

二是政治经济学中的社会再生产理论不仅是研究生产的理论,而且包含了生产、分配、交换、消费四个环节，研究的是社会财富增长问题。因此，社会再生产理论才是真正的研究经济增长的理论。

三是通过将西方经济学中的经济增长理论、收入分配理论、市场均衡理论、"三驾马车"理论等与社会再生产理论的生产、分配、交换、消费四个环节进行比较，可以发现他们一一对应的关系。因此，可以以社会再生产理论为纲，将西方经济学中的相关理论统一在一个宏观经济分析框架内，为宏观经济分析提供框架性思路。

四是我们通常理解的消费、投资、净出口这"三驾马车"实际上只是经济增长的需求侧动力，此外经济增长的供给侧也存在"三驾马车"，即劳动、资本、技术。经济增长需要供给侧动力和需求侧动力的均衡发展，两侧动力失衡即表现为经济增长失衡，如经济危机、经济滞胀等。

五是从社会再生产理论角度看，经济增长不仅需要考虑供给侧和需求侧动力均衡，还需要综合考虑收入分配环节和市场交换环节的影响。因此，要想实现经济增长，关键是要使社会再生产理论的四个环节相互连通并协调运行。

六是通过对我国农村土地承包责任制改革和对外开放促进经济增长的成功经验进行分析，可以发现我国对内改革、对外开放成功的逻辑就在于打通了社会再生产理论四个环节中的梗阻点，并对其中的一个或多个环节进行扩容，促进了社会再生产系统的良性循环和协调运行。

七是通过将研发环节纳入新构建的宏观经济分析框架，从而对社会再生产系统进行扩展，在此基础上研究未来我国系统推进改革的重点领域。未来我国要想从制造业大国转型升级为制造业强国，需要高度重视清除研发环节中存在的梗阻点，同时在生产、分配、交换、消费等环节协调推进改革。

（二）未来我国系统推进改革的重点领域分析

1. 当前我国社会再生产系统各环节存在的问题

根据上述发展经济和推进改革的逻辑，对我国在扩展后的社会再生产系统各环节存在的问题进行分析。

从研发环节来说，笔者认为这是我国经济当前面临的最大梗阻点。作为制造业大国，可以以生产环节为"龙头"，但是要想成为制造业强国，社会再生产链条的"龙头"必须让位于研发环节，以促进科技创新和经济增长动力转换。当前我国对研发环节的重视程度在逐渐提升，但是在促进研发的体制机制方面仍有较大改进空间，如对知识产权的保护、促进科技创新的激励机制等。

从生产环节来说，我国在产品制造方面具有较强国际竞争力，但是根据供给侧"三驾马车"分析，生产环节仍然存在很大的改善空间，包括要素市场化，如土地要素的多主体供应、资本市场发展、劳动要素市场化，以及由研发环节引致的技术水平提升等。

从分配环节来说，随着改革开放的推进，人们的收入水平在不断提高，但是存在的问题是收入差距仍然较大，劳动要素在收入分配中的地位相对较弱，金融资产在收入分配中的比例较大影响了实体经济发展等。

从交换环节来说，随着社会主义市场经济制度的不断完善，交换环节的梗阻在逐渐消除，但是在市场准入、公平竞争、价格制度改革等方面仍然存在很大的改进空间。

从消费环节来说，对外开放使我国对接国际市场，外需在很大程度上弥补了内需不足的问题，投资弥补了我国边际消费倾向偏低的问题。但是发展经济的根本目的是提升本国人民的生活水平，所以在扩大内需，鼓励人们消费，使人们能消费、敢消费等方面还存在很大的改善空间。

2. 未来我国推进改革的重点领域

通过对我国在社会再生产系统各环节存在的问题进行分析，可以进一步明确未来我国推进改革的重点领域。

一是建立并完善科技创新体系，激励全社会加强科技创新。培育各类科技创新主体，建立以研发机构、高新技术企业和高端人才为引领，以"龙头"企业为主导，以各类科技创新服务平台为支撑的科技创新体系。完善知识产权保护立法和执法，加强对知识产权的保护。通过税收减免、税前扣除等方式支持企业投入科技研发和基础科学研究。

二是深化供给侧结构性改革，推进生产要素市场化改革。以促进经济高质量发展为目标，从产品供给结构、市场参与主体等层面着手推动我国产业结构转型升级。以促进资源优化配置为目标，从劳动、资本、技术、土地等生产要素的市场化改革着手促进生产环节各要素的优化配置，包括城乡劳动力市场一体化发展、资本市场发展、技术转让和知识产权转让制度建设、土地多主体供应等领域的改革。

三是兼顾效率与公平，推动收入分配制度改革。提升资本以外其他生产要素在收入分配中的相对地位，尤其是提升劳动要素、人力资本要素、技术要素等在收入分配环节的话语权。促进城乡二元结构改革，缩小城乡收入差距。加快推进区域间基本公共服务均等化，缩小区域差距。

四是完善社会主义市场经济体制，优化营商环境促进公平竞争。树立"服务政府"理念，厘清政府与市场边界，政府致力于建立并维护好公平公正、公开透明的市场竞争规则；贯彻依法治国基本方略，建设法治国家。

五是扩大对外开放，同时注重提振内需。以"一带一路"倡议为契机坚持对外开放战略；加强医疗、教育、住房等社会保障制度建设，减少人们增加消费的后顾之忧。

第二篇：理论与实践

第二章
优化营商环境的逻辑

党的十八届三中全会通过的《中共中央关于全面深化改革若干重大问题的决定》首次提出:"建设法治化营商环境。"党的十八届五中全会进一步提出:"形成对外开放新体制,完善法治化、国际化、便利化的营商环境。"2017年以来,党中央、国务院高度重视营商环境工作,当前,全球经济复苏缓慢,美国挑起贸易争端试图逆全球化,美联储加息缩表引发多个经济体货币危机;国内经济由高速增长转向中高速增长,各类改革步伐加快。在复杂形势下,各国为复苏经济着眼实业,制造业开始新一轮全球产业转移,营商环境优化成为各国竞争焦点。

一、营商环境概念的界定与辨析

要想深入研究营商环境,首先要明确定义营商环境的概念并清晰界定与其他相关概念的边界。

(一)对营商环境概念的界定

优化营商环境的目的是为企业生产经营提供良好的外部环境,降低企业生产经营的外部制度成本。这些外部环境包括一个地区的政治经济制度、法律法规、风俗习惯、国际政治经济局势、产业环境、市场环境、基础配套设施等。

因此，区域营商环境可以定义为一个区域内对企业生产经营有直接或间接影响的企业外部环境，这些外部环境对一个区域内的企业存在普遍影响，而且一般是单个企业通过自身努力无法轻易改变的，这些外部环境的优化需要政府、社会等多方力量的介入。

（二）对营商环境相关概念的辨析

营商环境是与企业生产经营密切相关的外部环境，但是与企业生产运营环境相关的概念包括投资环境、营商环境、城市投资吸引力、城市竞争力等，通过研究发现这些概念存在较大差别。

1. 营商环境与投资环境比较

地方政府优化投资环境和营商环境都是为了招商引资，从目的上看两者无本质区别，但是从概念变迁的历史背景看，两者在招商引资理念上存在一些区别。

投资环境的提出早于营商环境，2002年之前营商环境概念还很少被提及。通过时间轴上的纵向比较发现，在强调投资环境的历史时期，国内经济发展所处的阶段主要是要素驱动阶段，投资环境优化除了完善各种制度之外，还会通过各种优惠政策和低要素成本吸引资本流入，如牺牲环境、税收减免、土地划拨使用等手段降低企业成本。从这个角度看，投资环境优化的一些手段在一定程度上牺牲了政府和公众的利益，此时地方政府间为了争夺投资容易形成恶性竞争，而且由于各地政策的可调性较大，企业对未来的预期存在不稳定性，企业投资侧重于短平快项目，不利于区域经济长远发展。

与投资环境相比，营商环境优化则体现为地方政府在不牺牲公众利益的前提下，通过优化区域制度环境、社会环境、政府服务等方面提升对企业资本的吸引力。在经济发展进入效率驱动和创新驱动阶段时，商务成熟度的重要性提升，此时企业更注重政策的稳定性、公平性和透明性，各地招商引资手段更注重优化营商环境，包括政策稳定性、市场竞争的公开透明和公平竞争、政府监管执法等。

由此可见，投资环境相当于不同区域在招商引资上进行"价格战"，而营商环境则相当于不同区域在招商引资上进行"品牌战"和"服务战"。

2. 营商环境与城市投资吸引力比较

城市投资吸引力概念的范围要比营商环境的范围略大。企业的目标是实现利润最大化，因此企业在项目选址时主要考虑两方面因素，一是当地的营商环境，二是在当地投资的盈利前景，这两方面构成了一个城市对企业和资本的吸引力。从投资环境和营商环境的辨析看，城市投资吸引力相当于投资环境和营商环境两者效果的合集。

3. 营商环境与城市竞争力比较

营商环境和城市竞争力两个概念，从经济发展角度看，都是以促进区域经济发展为目标，衡量一个城市对企业和资本的吸引力。但是两者在概念覆盖范围上存在明显区别，营商环境是从企业视角和促进经济增长出发衡量一个城市对资本的吸引力，营商环境对其他因素的考虑虽有涉及，但是重视程度不足。比如，当地的生态环境和生活宜居程度会影响营商环境，在政府招商引资过程中会影响对企业的吸引力，但是只要当地能为企业盈利和资本增值提供足够空间，生态环境、生活环境、城市宜居程度等因素都不是决定性因素。

城市竞争力概念比营商环境的内涵更丰富，城市竞争力反映的是一个城市在生产、生活、生态等多维度的综合竞争力。城市竞争力不仅关注对企业的吸引力，也关注对在这个城市中生活的人的吸引力。

二、优化营商环境的总体思路和落脚点

优化营商环境的总体思路和落脚点，本书认为需要处理好三对关系，并要落脚于企业需求上。

（一）优化营商环境的本质是处理好政府与市场的关系

在市场经济中政府和企业在资源配置中担任重要角色，企业通过市场

竞争和价格实现对资源的优化配置，其优点是多主体分散决策有利于资源的有效利用，问题是可能存在市场失灵。政府则可以通过宏观调控手段弥补市场失灵，问题是政府如果将财政资金用于竞争性领域，则财政资金的使用可能是缺乏效率的。因此，政府和企业在优化资源配置时就面临分工的问题，理想的分工是企业遵循市场规则优化资源配置，政府则通过维护市场规则为企业生产经营提供良好的营商环境。由此可见，优化区域营商环境的本质是处理好政府与市场的关系，厘清政府与市场边界，明确政府事权范围。

（二）优化营商环境的关键是处理好政府公权力与资本的关系

在市场经济中，资本作为连接各种生产要素的纽带，在收入分配环节，资本相对劳动、技术等生产要素具有更高的话语权。但是，除了资本之外，政府公权力也可以起到相同作用，而且如果政府公权力不能得到有效约束，其在生产经营及收入分配等环节的话语权将高于资本。此时，资本的安全感将会下降，除非有高额资本回报率可以弥补安全感缺失的风险，否则资本将流向更安全的区域。因此，优化营商环境的关键是处理好政府公权力与资本的关系，即平衡两者间的话语权，既不能让政府公权力凌驾于资本之上随心所欲，也不能让资本驱使政府公权力牟利，更要防止权力与资本的合谋。

（三）优化营商环境需要兼顾资本与劳动要素的关系

在经济运转中，资本连接各种生产要素并组织生产仅涉及市场经济的供给侧，在需求侧还有消费群体需要兼顾，而大部分消费者的购买能力主要来源于劳动要素参与收入分配所得。此时，如果资本因为其相对较高的话语权而在收入分配环节过分索取，结果只能是产能过剩和经济危机，最终资本反受其害。因此，要想经济运转顺畅，需要有效约束资本在生产要素中的话语权，即优化营商环境需要兼顾资本与劳动要素的关系，平衡两者间的话语权。

（四）优化营商环境的落脚点是企业需求

优化营商环境的目的是为企业服务，为企业生存和长远发展创造更好的外部条件，进而促进区域经济增长。因此，优化营商环境的落脚点最终要站在企业需求的角度考虑问题，以企业需求为导向，以协助解决企业生产经营过程中面临的困难为抓手，运用政府行政权力制定并维护好公平、公正、透明的市场竞争规则。

三、以马斯洛需求层次理论为基础系统把握企业法人需求

企业的需求具有多样性，不同阶段不同层次的企业，它们的需求可能千差万别，如何总结不同企业的共性需求，同时保证科学性、系统性和完备性？本书以马斯洛需求层次理论为基础进行分析。马斯洛需求层次理论认为自然人的需求可以分为生理需求、安全需求、社交需求、尊重需求和自我实现需求。企业作为法律意义上的人——法人，企业的需求实际上也可以类比划分为同样的层次（如表1所示）。

表1 企业法人需求分析的逻辑框架

马斯洛需求层次理论	自然人	企业法人
自我实现需求	充分发挥自身潜能，实现个人理想和抱负	企业履行一般意义上的社会责任，如慈善、公益等，以及企业推动人类社会进步等
尊重需求	成就、名声、地位和晋升机会等	政府对企业的尊重、社会对企业家的尊重、企业间的相互尊重（尤其是大企业对中小微企业的尊重）

续表

马斯洛需求层次理论	自然人	企业法人
社交需求	友谊、爱情以及隶属关系的需求	企业与不同利益相关方都需要保持良好的关系，包括亲清政商关系、企业与产业链上下游企业的良好合作关系、企业与竞争者之间的公平竞争关系、企业与消费者之间的信任关系等
安全需求	人身安全、生活稳定、免遭痛苦、威胁或疾病等以及对金钱的需求	企业股权归属安全、财产安全（包括有形资产、无形资产如知识产权、品牌、商誉等）
生理需求	食物、水、空气、健康等	企业自我生存（简单再生产）、扩大再生产
		企业注册、企业注销

企业法人的"生理需求"可以理解为企业自我生存、扩大再生产两个方面。无论是小微企业还是大中型企业，其生存需求均涉及各种生产条件和生产要素的获取。对生产条件的获取，如世界银行《营商环境报告》中提及的供水、供电、土地审批等，以及为达到开工条件需要的环评、消防等，此外还涉及对小微企业的税收优惠政策、融资条件等。对生产要素的获取，如对技术、劳动、土地、资本等要素的获取，由于营商环境有待优化，可能存在不同企业在获取生产要素时存在不公平的情况。

另外，在马斯洛需求层次理论基础上，借鉴生命周期理论，可以将企业的出生（企业注册）和消亡（企业注销）纳入企业法人的"生理需求"。

企业法人的"安全需求"可以理解为企业股权归属安全和企业的资产安全，其中企业资产安全包括有形资产和无形资产，无形资产包括知识产权、品牌、企业声誉等。

企业法人的"社交需求"可以理解为企业在生产经营中需要与不同利

益相关方保持良好的关系,包括亲清政商关系、企业与产业链上下游企业的良好合作关系、企业与竞争者之间的公平竞争关系、企业与消费者之间的信任关系等。

企业法人的"尊重需求"一方面来自自尊,另一方面来自外部对企业的尊重。企业的自尊主要由企业文化塑造;外部对企业的尊重则主要体现在三个方面,一是政府对企业的尊重;二是社会对企业家的尊重;三是企业之间的相互尊重(尤其是大企业对中小企业的尊重)。

企业法人的"自我实现需求"可以理解为企业履行一般意义上的社会责任,如慈善、公益等,以及企业推动人类社会进步等。

四、优化区域营商环境的逻辑框架构建

营商环境优化的逻辑框架构建要立足企业需求分析的逻辑框架,在营商环境优化指标的选择上要体现系统性、科学性和完备性。

(一) 营商环境优化的逻辑框架构建

根据马斯洛需求层次理论构建了企业需求分析的逻辑框架,但是从企业需求分析的逻辑框架推导出营商环境优化的逻辑框架还需要注意区分企业的内外部条件。因为企业法人不同层次需求的满足,离不开企业自身的努力(内因)和外部环境的优化(外因)。因此,从营商环境优化(外因)的角度分析如何满足企业法人的需求,就需要在构建营商环境优化的逻辑框架时剔除属于衡量企业自身努力(内因)程度的指标,保留属于评价外部营商环境(外因)的指标。

1. 满足企业法人"生理需求"的外部营商环境

企业法人的"生理需求"可以参照世界银行《营商环境报告》的指标设置,包括企业注册、注销的手续个数、办理手续所需时间、办理手续所需成本,另外可以增加企业注册和注销过程中需要接触的政府部门个数。

企业生存和扩大再生产，涉及生产开工条件（基础设施和配套设施）和生产要素的获取。获取生产开工条件包括企业从注册到开工期间需要办理的手续个数（供水、供电、消防、环保、用地等）、办理手续所需时间和资金成本，以及办理过程中需要接触的政府部门和国有企业个数。企业生产要素获取包括融资渠道、融资审批手续个数、融资申请所需时间、融资额度、融资成本、土地价格、土地审批手续个数、办理所需时间和资金成本、劳动力成本、劳动力素质、劳动力招聘的时间和资金成本。

在企业生产运营中可能还需要政府审批，此时政府的工作效率及企业需付出的时间和资金成本，如外贸企业报关通关、某些产品的销售许可等；另外，还包括涉及企业生产运营成本的税费负担等。

2. 满足企业法人"安全需求"的外部营商环境

企业法人的"安全需求"涉及企业股权归属安全，企业在被收购和兼并时如果有行政权力的强制或黑恶势力介入，就会破坏企业股权的归属安全，因此可以考量股权交易的市场化程度。

对于上市公司大股东来说，企业收购兼并只要是通过证券交易所等正常渠道合法进行股权收购，都属于市场行为。对于上市公司小股东来说，公司内幕交易、利益输送、庄家坐庄等行为都破坏了他们的企业股权归属安全。对于非上市的市场经营主体来说，股权转让需要以自愿为前提，收购价格与市场评估价格基本相当。因此，在指标选择上可以考虑上市公司市值占该地区所有公司市值的比例、上市公司中违背市场价格交易原则进行收购兼并的比例、非上市公司中违背自愿原则进行收购兼并的比例。

企业财产安全涉及有形资产和无形资产的安全。对有形资产安全来说，可考虑的指标包括当地的治安和社会稳定度，即盗抢犯罪率，以及公共安全部门的反应速度，包括消防部门和公安部门的布局及出警速度等。对无形资产安全来说，可以考虑对企业知识产权、品牌、商誉的法律保护程度，包括知识产权诉讼案件占比、品牌假冒产品产值占当地总产值比例。

在企业受到侵害后，企业提起诉讼的便利度和成本等指标也需要纳入考虑指标，即企业涉及知识产权、品牌侵权和商誉损失的诉讼成本和时间成本，对侵权行为的法律执行力度和违法成本等。

3. 满足企业法人"社交需求"的外部营商环境

企业法人的"社交需求"涉及企业与各利益相关方互动需要付出的成本及难易程度。企业与各利益相关方沟通的渠道是否畅通，包括企业与政府、媒体的沟通渠道，企业与产业链上下游企业和竞争者互动的公共平台建设；企业与各利益相关方进行沟通和关系维护需要付出的时间和资金成本，包括政府及国有企业（尤其是金融机构）、上下游产业链合作伙伴、竞争者和消费者等利益相关方。

另外，政府通过完善相关制度并加强监管，可以减少企业用于关系维护的各种成本，如政府提升廉洁度、维护市场公平竞争（相同的市场准入条件等）、加强对企业产品的质量监管，可以减少企业与政府、企业与合作方和竞争者、企业与消费者之间关系维护所需的成本。

4. 满足企业法人"尊重需求"的外部营商环境

企业法人的"尊重需求"涉及三方面，一是政府对企业的尊重；二是社会对企业家的尊重；三是企业间的相互尊重，尤其是大企业对中小微企业的尊重。

政府对企业家的尊重，主要体现在政府在制定各种经济政策和涉及企业发展的政策时是否充分征求了各类（大中小）企业的意见，具体指标可以考虑各类企业对政府制定政策行为的满意度。

社会对企业家的尊重，主要体现在社会舆论环境是否包容，对依法致富的企业家和对社会作出贡献的企业是否尊重，社会公众对这类企业和企业家的态度是否积极等。具体指标可以考虑社会公众对依法致富的企业家和企业的满意度，社会舆论对企业和企业家的正面态度。

企业间的相互尊重，尤其是大企业对中小微企业的尊重，主要体现为企业之间的合作应该以企业信誉和契约为基础，而不是以企业的规模为基础。这需要全社会构建起完备的征信体系，培育契约文化，提高违约成本等。具体指标可以考虑征信体系覆盖度，合同履约完备程度，合同违约成本等。

5. 满足企业法人"自我实现需求"的外部营商环境

企业法人的"自我实现需求"涉及两方面，一是企业履行社会责任，包括参与慈善公益、扶贫救困等；二是企业通过自身努力推动人类社会进步，如通过科技研发、科技应用推动社会进步等。

鼓励企业履行社会责任的外部环境指标包括全社会对企业履行社会责任的文化氛围、企业将资金投入慈善公益的途径、慈善机构对资金使用的透明度（慈善机构廉洁度）和资金使用效果、企业获取相关慈善信息的渠道和难易程度、政府对企业履行社会责任的各种政策支持，如税收减免、成本扣除等。

鼓励企业积极投入基础科研领域，鼓励企业创新，促进人类社会进步。相关指标包括创新文化氛围、鼓励创新的基金、保护创新的制度设计（知识产权保护、反垄断）、政府鼓励创新和企业进行科研的税收优惠等政策支持。

6. 基于企业需求分析的营商环境优化逻辑框架

根据表1的企业法人需求分析逻辑框架和以上分析明确后的满足企业法人不同层次需求的外部营商环境，可以构建出营商环境优化的逻辑框架（如表2所示）。从表2可以看出该逻辑框架以马斯洛需求层次理论为基础（一级指标），以表1中的企业法人不同层次的需求为脉络（二级指标），在此基础上通过剔除属于衡量企业自身努力（内因）程度的指标，保留属于评价外部营商环境（外因）的指标，由此形成优化营商环境的逻辑框架，即三级指标和四级指标。

表2 基于企业需求分析的营商环境优化逻辑框架

马斯洛需求层次理论（一级指标）	企业法人需求分析逻辑框架（二级指标）	优化营商环境的逻辑框架（三级指标）	优化营商环境的逻辑框架（四级指标）
自我实现需求	企业履行社会责任（如慈善、公益等），及推动人类社会进步（如科技革命等）	推动人类社会进步	创新文化氛围；鼓励创新的基金；保护创新的制度设计（知识产权保护、反垄断）；政府鼓励研发创新的税收政策等
		企业履行社会责任	全社会对企业履行社会责任的文化氛围；企业将资金投入慈善公益的途径；慈善机构对资金使用的透明度；慈善机构的资金使用效果；企业获取慈善信息的渠道和难易程度；政府对企业履行社会责任的政策支持
尊重需求	政府对企业家的尊重、社会对企业家的尊重、企业间的相互尊重等	政府对企业家的尊重	各类企业对政府制定经济发展和涉企政策行为的满意度
		社会对企业家的尊重	公众对依法致富的企业家和企业的满意度；社会舆论对企业和企业家的正面态度
		大企业对中小微企业的尊重	征信体系覆盖度；合同履约完备程度；合同违约成本

续表

马斯洛需求层次理论（一级指标）	企业法人需求分析逻辑框架（二级指标）	优化营商环境的逻辑框架（三级指标）	优化营商环境的逻辑框架（四级指标）
社交需求	企业与各利益相关方要保持良好关系，包括亲清政商关系、企业与上下游企业的合作关系、与竞争者的公平竞争关系、与消费者的信任关系等	企业与利益相关方的沟通渠道	企业与政府、媒体的日常沟通渠道；企业与产业链上下游企业和竞争者进行互动的公共平台建设
		企业与利益相关方沟通和关系维护需付出的时间和资金成本	企业维护与政府及国企（尤其金融机构）关系需要付出的时间和资金成本；企业与上下游产业链合作伙伴的关系维护需要付出的时间和资金成本；企业与竞争者、消费者等进行沟通需要付出的成本
		政府监管	政府廉洁度；市场公平竞争（市场准入等）；政府对企业产品和服务的质量监管
安全需求	企业股权归属安全、财产安全（包括有形资产、无形资产如知识产权、品牌、商誉等）	上市公司股权归属安全	大股东：违反证券交易法和市场价格交易原则进行的收购兼并行为；中小股东：公司内幕交易、利益输送、庄家坐庄等
		非上市公司股权归属安全	违背自愿原则进行的收购兼并行为
		有形资产安全	治安和社会稳定度，即盗抢犯罪率；公共安全部门的反应速度（消防等部门的布局和出警速度）
		无形资产安全	知识产权诉讼案件占比、品牌假冒产品产值占当地总产值的比例
		法律诉讼便利	企业涉及知识产权、品牌侵权和商誉损失的诉讼成本和时间成本；对侵权行为的法律执行力度和违法成本

续表

马斯洛需求层次理论（一级指标）	企业法人需求分析逻辑框架（二级指标）	优化营商环境的逻辑框架（三级指标）	优化营商环境的逻辑框架（四级指标）
生理需求	企业生存（简单再生产）、企业扩大再生产	企业生产开工条件获取	基础设施和配套设施获取：企业注册到开工需办理的手续个数；办理手续所需时间和资金成本；办理手续时需接触的政府部门和国企个数
		企业生产要素获取（资金、土地、劳动等）	资金：融资渠道、融资审批手续个数、融资申请所需时间、融资额度、融资成本；土地：土地价格、土地审批的手续个数、办理手续所需时间、办理手续所需成本；劳动：劳动力成本、劳动力素质、劳动力招聘的时间和资金成本
		企业生产运营开展	政府审批所需手续个数；企业付出的时间和资金成本；企业需接触的政府部门个数；税费负担
	企业注册、注销	企业注册	企业注册的手续个数；办理注册手续所需时间和资金成本；办理注册需接洽的政府部门个数
		企业注销	企业注册的手续个数；办理注册手续所需时间和资金成本；办理注册需接洽的政府部门个数

（二）确认营商环境优化重点领域的方案设计

从理论基础到企业法人需求分析，再到营商环境优化的逻辑框架构建，表2所示的逻辑框架体现了系统性、完备性和科学性，可以为地方政府优化区域营商环境提供可资参考的框架性思路。但是同时也要注意到表2中不同指标的权重尚未明确，即不同指标的重要性有待进一步确认，只有确认了指标权重之后才能为政府优化区域营商环境提供更具体的决策支持。

由于营商环境优化的落脚点最终是为了满足企业不同层次的需求，而哪些需求及对应的营商环境优化相对更紧迫、更重要，企业最有发言权。因此，为了更合理地确认一个区域内营商环境优化的重点领域，本书基于主观赋权法中的专家调查法设计了一套测算方案，该方案将一个区域内不同类型企业的企业家作为专家进行调研打分，进而确认各指标的权重，具体思路如下：

邀请一个区域内的大中小微企业对表2中的三级指标进行投票。对入选企业和投票的规则设定如下：一是界定大中小微企业的分类标准；二是界定参与投票的企业行业（应该包括国民经济中的每个大类行业）；三是不同规模不同行业的企业数量应该相等；四是参与投票的企业数量要达到一定比例；五是给予每个企业5张选票，让企业将选票投给企业认为最重要的五个三级指标；六是给三级指标赋权，根据指标权重确定优化营商环境的重点领域。

第六步中的赋权方案有两种，第一种是按照三级指标的得票数占总票数的比例赋权；第二种是首先给予每个三级指标一个固定值的底线权重（如每个指标给予3%的底线权重，18项三级指标占去54%的底线权重），然后将剩余的46%的权重按照三级指标的得票数占总票数的比例赋权，这种方案设计是为了防止有的三级指标在投票中没有得票，从而使政府完全忽略了该项指标的极端情况发生。

该方案适用于不同范围，在全国范围内确定营商环境优化的重点领域，可以在全国范围内选择企业，选择的企业数要考虑企业的区域分布，位于东部、中部、西部、东北的企业数要合理分配（最好等额）。各省也可以用同样的方案确定本省优化营商环境的重点领域，选择企业按照上述标准在本省范围内选择。

五、基于营商环境优化逻辑框架的政策建议

为了营造法治化、国际化、便利化的营商环境，本书认为应该根据优

化营商环境的总体思路和落脚点，从贯彻落实依法治国基本方略、树立"有限政府"理念、着力构建"服务型政府"三个方面进行顶层设计，同时根据本书构建的营商环境优化的逻辑框架，从企业法人的需求入手，系统推进我国区域营商环境优化。

（一）努力营造法治化、国际化、便利化的营商环境

1. 贯彻落实依法治国基本方略，营造法治化营商环境

贯彻落实依法治国的基本方略，可以为企业的生产经营提供法治化的营商环境，有助于稳定企业和社会预期，促进经济和社会长远发展。为此可以从四个方面着手：一是要将政府公权力约束在法律允许的范围内，提升资本的安全感；二是要完善法律法规，包括填补法律空白和漏洞，废除不合理以及相互冲突的法律法规，对企业和企业家的合法所得给予充分保护；三是在各项制度落实过程中，尽量减少基层公务人员的自由裁量权，杜绝微腐败；四是健全社会监督制度和反馈制度，将政府公权力置于公众监督之下。

2. 树立"有限政府"理念，营造国际化营商环境

树立"有限政府"理念，收缩政府直接参与市场竞争的领域，有利于厘清政府与市场边界，减少政府既当裁判又当运动员的现象，为企业生产经营提供更广阔的市场空间。同时将政府的公权力用于建立并维护好公平公正、公开透明的市场规则，有助于与国际接轨，为企业生产运营提供更加公平的国际化的竞争环境。践行"有限政府"理念需要从四方面着手：一是对政府事权按照重要性排序，尤其是对政府与市场交叉的领域要进行排序；二是制定明确的政府事权兜底标准。然后按照财政收入依重要顺序为事权履行提供资金保障，优先保障只能由政府履行的事权；三是在保障国家安全的情况下，尽量放开各竞争领域的市场准入，允许民营资本和外资进入；四是按照政府的责任清单和权力清单行使公权力。

3. 着力构建"服务型政府"，营造便利化营商环境

转变政府职能，着力构建"服务型政府"，有助于为企业的生产经营

提供便利化的营商环境,降低企业生产经营的外部制度成本。要建设"服务型政府"可以从以下四方面着手:一是要明确政府事权范围,强化政府的公共服务职能,制定清晰的责任清单和权力清单;二是优化政府工作流程,将涉及政府审批、备案等事项的工作流程标准化、制度化、公开化;三是加大落实各项制度的监督力度,尤其是加强对执行环节的监督,防止政策执行出现偏差;四是对政府工作建立科学的评价体系和奖惩机制,将社会评价和公众满意度纳入评价体系,将评价结果与奖惩机制紧密联系起来。

(二) 着眼企业法人需求系统推进营商环境优化

优化营商环境,首先要着眼于企业法人多样性的需求;其次要系统完备地把握营商环境优化的逻辑框架,做到不遗漏,不留空白领域;最后要根据确认的营商环境优化重点领域及企业实际生产经营中面临的"痛点""堵点""难点",系统协调地推进营商环境优化。

1. 着眼企业法人的"生理需求"优化区域营商环境

从企业法人的"生理需求"入手优化区域营商环境,需要关注两个领域,一是提升企业注册与注销的便利程度;二是为企业生存需求(简单再生产)和扩大再生产提供便利降低成本。

在第一个领域,政府要继续深化"放管服"改革,简化、统一、标准化企业注册和注销的流程;精简并明确公示企业需要提供的各类材料,减少基层公务人员的自由裁量权;利用信息化手段将政府各部门的信息联网共享,消灭数据孤岛,加强各部门间证明材料的互认,让数据跑路,少折腾企业;推广"最多跑一次"的改革经验,对企业的注册和注销实行一个窗口受理,限期办结。对于通过改革实践证明行之有效的措施,要通过法律等形式制度化。

在第二个领域,政府要对基础配套设施和要素市场有针对性地制定措施。对于供水、供电这类带有公共产品属性的环节,政府对提供服务的企业要明确要求制定相应的标准化的申请流程和材料。对于企业的融资需求，政府要针对小微企业以及民营企业融资难的问题深化改革，同时兼顾市场化金融机构的盈利需求，如成立小微企业融资担保基金或者在该领域引入保险等手段，放宽金融机构对民营企业贷款的利率浮动范围以弥补金融机构承担的风险。对于企业的土地需求，应该推进土地的多主体供应，减少政府对土地供应的垄断。

2. 着眼企业法人的"安全需求"优化区域营商环境

从企业法人的"安全需求"入手优化区域营商环境，一是完善企业收购和兼并的法律法规，对企业收购和兼并的合法性依法进行严格审查，杜绝企业收购和兼并过程中的巧取豪夺，对违法行为加大惩处力度。二是完善知识产权、品牌、企业声誉等相关法律法规，对知识产权侵权、品牌假冒、侵害企业声誉等恶意竞争行为要加强市场监管和执法，并加大惩处力度，使违法成本远高于违法收益。三是简化中小微企业和个人的诉讼难度，包括降低诉讼成本、完善法律援助服务等。四是畅通社会公众和基层向上反映问题和意见的通道，对于反映的问题要求必须给予及时反馈和相应处理措施。

3. 着眼企业法人的"社交需求"优化区域营商环境

与利益相关方进行沟通进而保持良好的关系主要是企业的工作，但是为了促进企业与利益相关方的沟通，政府也可以做一些优化工作。一是搭建便利的政府与企业进行日常联系的渠道和定期交流机制，政府对企业可以进行分类分批沟通（如根据企业规模或者企业所属行业进行分类），但是不应区别对待。二是政府或者行业自律组织为企业"建群"，企业自愿入群。"建群"的形式可以通过定期组织行业展览会、企业家座谈会等形式为企业间的交流搭建线下平台，也可以利用互联网和信息化手段为企业搭建公共的线上信息展示和交流平台。三是加强市场监管，强化对企业产品和服务质量的监督，尤其是对产品安全性的监管，防止消费者与企业的矛盾激化。

4. 着眼企业法人的"尊重需求"优化区域营商环境

从企业法人的"尊重需求"入手优化区域营商环境，一是政府在制定各种涉及经济发展、企业运行等方面的制度和重大决策时要充分与辖区内大大小小的企业进行沟通,而且这种沟通应该是制度化的,不能因人而废。二是从正面的角度传播企业家精神,让那些合法经营并为经济社会发展作出贡献的企业家得到全社会的尊重。三是建立全社会的征信体系,传播契约精神,在全社会形成尊重契约和诚信的氛围,对于违背契约和不诚信的行为要加大惩罚力度。

5. 着眼企业法人的"自我实现需求"优化区域营商环境

企业法人的自我实现和自我超越需求表现为履行一般意义上的社会责任,以及更高层次上的推动经济社会进步。为营造这样的环境,一是可以鼓励并支持企业通过多样化的方式回馈社会,如支持教育、医疗、扶贫救困、救灾应急、生态环保等,只要确认这些回馈社会的行为确实是公益的和非营利的,这部分支出可以作为企业成本进行税前扣除等。二是可以从国家层面或者地方政府层面设立企业履行社会责任奖项和慈善企业家榜样,通过媒体大力宣传,在精神上给予奖励。三是通过税收减免,税前扣除等方式支持企业投入基础科学领域的研究,推动社会进步。

第三章
优化营商环境经验总结

一、地方政府优化营商环境的经验总结

地方政府在优化营商环境方面作出了大量探索和改革，我国营商环境在国际上的排名也在持续上升。通过对地方政府优化营商环境改革举措进行分析，发现大部分举措主要集中在市场准入、政务服务、市场监管三大方面。

（一）市场准入

市场主体成功开办之后，要进入相应的行业开展生产经营活动，这就涉及市场准入。与市场准入相关的改革创新举措主要包括以下几方面：一是落实市场准入负面清单。包括全国统一的市场准入负面清单，外商投资准入负面清单等。负面清单明确了禁止进入、限制准入、鼓励发展的产业目录。这类市场准入负面清单主要指对行业的准入。二是清理废除地方政府市场准入壁垒。市场准入壁垒，一方面表现在市场主体跨行政区尤其是跨省级行政区开展业务（进入当地市场）时遇到的各种隐性壁垒；另一方面表现在涉及政府采购和公共资源交易的招投标领域，地方政府会对外地企业设置各种隐性壁垒，包括在当地设立分支机构、在当地开展业务的记录、设置企业名录库等形式。这类市场准入隐性壁垒主要指区域分割型的准入壁垒。

（二）政务服务

政务服务的背后主要依托三类改革：一是政务审批权限的优化与集中，二是政务服务的集成与场景应用，三是线上办理与跨区通办。

1. 政务审批权限优化及集中

市场主体开办、退出、投资、工程建设等方面都涉及政务审批等业务办理。地方政府的审批权限、审批办理时间、审批所需材料和信息、不同审批部门之间的衔接等都与营商环境息息相关，都与市场主体的时间成本、资金成本密切相关。因此，地方政府在审批权限等方面着手优化营商环境，主要表现在以下几方面：一是清理部分政务审批权限。以市场化为原则，将能由市场化手段解决的事项或者可以通过事中事后监管解决的事项涉及的政务审批权限清理掉。二是下放部分政务审批权限。将可由地州甚至是区县进行审批的权限下放，由地州、区县根据当地实际情况进行审批，方便市场主体就地办理审批。三是以清单化形式明确政府的审批事项和权限并进行公示。四是将各部门的审批事项进行集中办理。主要表现为建立政务服务中心（大厅），将各部门涉及市场主体的审批事项在政务服务中心进行集中，市场主体办理审批事项时只需要在政务服务中心即可集中办理。由此衍生出"最多跑一次""一窗受理""首问负责制"等创新举措。五是减少审批事项办理所需材料。一方面表现为减少不必要的证明材料；另一方面是通过部门之间信息的共享和互认减少市场主体反复提交证明材料的情况。六是优化审批事项办理流程。一方面表现为减少审批事项办理环节；另一方面表现在将以前的"串联式"审批优化为"并联式"审批，将可以由不同部门同步开展的审批事项进行流程优化之后同步进行，节约审批事项办理时间。

2. 政务服务集成与场景应用

对政务审批权限优化及集中的改革可以理解为对政务服务在"要素"层面进行优化，在此基础上推进政务服务集成与场景应用，即进一步对政务服务的各"要素"以"办成一件事"为应用场景进行整合优化。主要表现在以下几方面：一是识别和梳理涉及市场主体和人民群众的政务服务高频应用场景。如涉及市场主体的企业开办、工程建设等应用场景，涉及人民群众的孩子入学、购房等应用场景。二是对高频应用场景逐个进行优化。主要表现为将每个高频应用场景涉及的不同部门、审批（备案）环节、流程先后顺序、每个环节办理所需时间、各环节所需证明材料等进行梳理和优化，可以以流程图、材料清单、办理时限、责任部门等方式进行打包和固化，形成标准化的规定动作。当市场主体或人民群众要办理相应应用场景的政务服务时，即可在政务服务中心通过"一窗受理"，"后台"各部门按照标准化的规定动作高效地对材料进行审核办理。

3. 线上办理与跨区通办

随着互联网及移动互联网技术在政务服务领域的普遍应用，原来需要在线下政务服务大厅办理的政务服务事项已经逐步实现在线办理。由此在"最多跑一趟"基础上进一步衍生出"不见面审批"。通过线上政务服务大厅将不同部门甚至是不同层级的政府部门联通起来，通过数据标准化和数据共享实现"让数据多跑路，让人少跑路"，由此衍生出"政务服务全市通办"。通过跨地级市、跨省级行政区之间的数据交换、认证信息共享等方式，实现政务服务跨地区办理，由此衍生出"政务服务全省通办""政务服务跨省通办"等创新举措。与线上政务服务大厅相配套的必要改革举措是数据标准化、数据共享、跨部门互认、电子证照颁发及应用等。

（三）市场监管

市场准入方面的改革创新是为了保证市场主体在进入某个行业或者某个区域市场时获得权利平等、机会平等、规则平等。市场监管则是在市场主体生产经营过程中，对市场主体之间的竞争进行监管，保障市场主体之间的公平竞争。在市场监管领域的改革创新举措主要包括以下几个方面：一是开展"双随机、一公开"监管。为了保障监管部门对市场主体的监管是公平公正的，开始推行"双随机、一公开"监管，即随机抽取监管执法人员、随机抽取监管对象,这样可以避免监管机构对部分监管对象的随意检查。二是在"双随机、一公开"监管的基础上推行部门联合监管。部门联合"双随机、一公开"监管,可以在保障监管公平公正基础上,进一步通过联合监管减少对被监管对象的反复检查,避免过多干预市场主体的正常生产经营。三是开展"互联网+"监管。随着互联网、大数据等技术的应用,监管部门可以通过对市场主体的生产经营数据进行分析,进而开展远程监管、无感监管、精准监管。在进一步完善数据采集、构建分析预警模型基础上,可以进化为"智慧监管",对出现问题的市场主体进行预警。四是开展信用监管。监管部门通过对市场主体过去的行为、信誉等维度进行评估,对每个市场主体赋予相应的信用分。在此基础上按照市场主体的信用分进行分级分类,对不同信用等级的市场主体进行分级分类监管。对信用等级高的企业可以充分信任或者少检查;对信用等级低的企业进行重点监管。

二、地方政府优化营商环境存在的问题分析

(一)地方政府在要素获取、市场参与、权益保护等方面还有较大提升空间

国家发展改革委牵头制定了中国营商环境评价指标体系,包括18个一级指标。对这18个指标进行分析,可以进一步分为6大类:一是商事制度改革类指标。包括开办企业,登记财产,办理破产。这类指标反映了企业从无到有,或者破产的过程。二是要素获取类指标。包括办理建筑许可,获得电力,获得用水用气,劳动力市场监管,获得信贷,包容普惠创新。其中,"办理建筑许可"可以理解为与企业获得生产经营空间(类似"土地"要素)密切相关;"获得电力"和"获得用水用气"与企业获取公共服务密切相关;"劳动力市场监管""获得信贷""包容普惠创新"分别与企业获得劳动力、资本、应用新技术等密切相关。三是市场参与类指标。

包括政府采购，跨境贸易。其中"政府采购"涉及公共资源交易市场，而且是最容易被政府干预的市场；"跨境贸易"是国际贸易市场。四是政务服务类指标。包括纳税、政务服务。五是市场监管类指标。包括招标投标、执行合同、市场监管。市场监管类指标主要是为了维护市场的公平竞争。六是权益保护类指标。包括保护中小投资者，知识产权创造、保护和运用。

将前文总结的地方政府优化营商环境的发力方向与上述指标比较，发现在要素类获取指标（尤其是土地要素、资本要素、劳动力要素等方面）、市场类指标（尤其是政府采购）、权益保护类指标等方面还有较大的提升空间。通过在某省会城市开展市场主体营商环境满意度在线问卷调查发现，一是18个一级指标平均得分8.65分（满分10分），证明营商环境总体满意度较高；二是得分靠后的6项指标分别是政府采购、招标投标、获得信贷、跨境贸易、办理破产、保护中小投资者，证明市场主体在获得资本要素、参与公共资源交易和政府采购、提升国内市场与国际市场对接等方面的诉求还比较强烈。

（二）地方政府需要在优化营商环境"向上突破"和招商引资优惠政策"向下内卷"上明确方向

当前，地方政府普遍高度重视优化提升当地营商环境，为企业来当地投资兴业提供良好的市场环境，这是地方政府在招商引资竞争过程中一种喜闻乐见的好现象，在优化提升营商环境上展开竞争只会让营商环境越来越好。但同时地方政府为了稳定就业、培育当地优势产业、促进经济发展，通常会根据当地的资源禀赋、产业基础及产业发展趋势制定促进当地产业发展的产业政策，这些产业政策一般会涉及地方财政奖补政策、获取生产要素的便利和优惠、提供政务服务绿色通道等方面，由此导致地方政府在招商引资过程中开始"向下内卷"。地方政府之间的竞争如果持续"向下内卷"，一方面会给地方财政增加负担，另一方面也会造成重复建设、区域壁垒和地方"小循环"。另外，产业政策如果是面向在当地开展相关业务的所有市场主体且能做到一视同仁，那总的来说还是一种好的产业促进政策。但是在激烈的区域竞争中，产业政策一般会进一步演化出有地方保护主义色彩的前置条件，如只有在本地注册的企业才能享受相关优惠政策、要求外地企业在本地注册设立分支机构等。

在积极融入和服务新发展格局，加快建设全国统一大市场的背景下，可以预见的是地方政府制定的很多具有地方保护主义色彩、强化区域分割、妨碍公平竞争的政策举措都将被逐步清理。而且，在建设全国统一市场"不断提高政策的统一性、规则的一致性、执行的协同性"原则要求下，地方政府制定妨碍统一市场和公平竞争的政策的权力将会被逐步削弱和限制。因此，地方政府要在优化营商环境的"向上突破"和招商引资优惠政策"向下内卷"上明确方向和侧重点。

三、地方政府优化营商环境的思路及政策建议

（一）以国家营商环境评价指标体系为指导补齐短板

地方政府要对标对表国家营商环境评价指标体系，在深入分析市场主体营商环境投诉举报和组织市场主体营商环境满意度调查的基础上，以问题为导向研究制定切实有效的改革举措，补齐营商环境评价指标体系中存在的短板弱项，加快推进要素市场化配置，规范政府采购和公共资源交易，保护中小投资者权益，优化提升跨境贸易便利度。地方政府在简政放权、压缩政务服务办理时限的同时，要更加注重依法行政保障必要的政府审批事项和流程，要更加注重放管结合加强事中事后监管。

（二）树立全国统一大市场大局观践行"大营商环境观"

地方政府要深刻认识建设全国统一大市场对构建新发展格局的重要意义，树立全国统一市场的大局观，坚决破除搞"小而全"的自我小循环的发展思路，更不能以"内循环"的名义搞地区封锁。要加快调整产业发展

思路，将建设全国统一大市场和优化提升营商环境结合起来，践行"大营商环境观"，让地方政府之间的竞争以优化营商环境的"向上突破"为竞争手段，自觉限制和禁止以招商引资优惠政策的"向下内卷"为竞争手段。

第四章
优化消费环境的方向

党的十九大报告提出"完善促进消费的体制机制,增强消费对经济发展的基础性作用"。由此可见,促消费已经成为中国经济发展的长期战略。尤其在当前全球经济不景气、国内产能结构性过剩的情况下,中国经济增长不仅需要从供给侧着手优化营商环境,更需要从需求侧着手优化消费环境,使营商环境和消费环境相辅相成。但是当前我们存在强调营商环境的多,强调消费环境的少,甚至为了招商引资存在有意无意忽略消费环境建设的情况。这实际是一种本末倒置的思路,生产的目的是消费,生产的产品只有在消费之后才能实现其产品价值,社会再生产才能继续。因此营商环境和消费环境并不是二选一的问题,如果没有良好的消费环境,即使营商环境再好,生产出来的产品无法对接消费市场,经济增长也难以为继。

一、消费环境的概念与内涵

对消费环境的理解,不同学者有不同视角,尚未获得共识。通过文献研究,消费环境可以从两个层面定义:一是广义的消费环境,即对消费会产生影响的各种外部因素,包括经济、社会、生态环境等;二是狭义的消费环境,即将消费者有效需求转变为实际购买行为的消费环境。

广义的消费环境可以从经济、社会、生态等不同维度概括。经济维度包括国内经济增长形势、国际经济环境、消费者收入水平和增长速度等,如国内经济快速增长，消费者的收入水平提升，消费者的消费能力和消费意愿都会增强；社会维度包括医疗、教育、养老等社会保障体系、消费文化、基础设施建设等，如社保体系健全，消费者的应急储蓄下降，用于消费的收入相应增加；生态维度包括环保政策、生态环境承载能力等，如空气污染对汽车消费的约束。

西方经济学中对消费的研究主要以理性经济人为假设前提，从消费者效用切入，理性经济人在收入约束的条件下通过追求消费者效用最大化来实行理性的购买决策。但是实际生活中，消费者在作出购买决策时并不一定是完全理性的，而是会受到外部环境的影响，如各种营销策略和其他消费者的"示范效应"。因此，狭义的消费环境可以简单理解为与消费者直接相关的市场交易环境。市场交易涉及供给侧和需求侧双方，供给侧主要涉及产品和服务的质量、产品供给总量和结构、商家的营销策略，以及后续服务等，需求侧主要涉及消费者的购买能力和购买意愿，即有效需求。将供给侧和需求侧进行有效对接的交易环境，即将消费者的有效需求转变为实际购买行为的市场交易环境即为狭义消费环境。

狭义消费环境的好坏涉及消费者的切身利益，如市场交易前，消费者需要获取产品和服务的相关信息，涉及消费者的知情权；市场交易过程中，消费者需要货比三家和自主决策，涉及消费者的自主选择权和公平交易权等；在市场交易完成后，消费者在产品使用过程中涉及的安全保障权，如果产品出现问题涉及消费者的依法求偿权等。狭义消费环境的各个环节都会涉及消费者在购买和消费过程中可能面临的各种风险点，只有在这些风险点逐渐消除的情况下，消费者才会能消费、敢消费、愿消费。

宏观消费环境的改善需要经济、社会、生态等多维度的综合改革，需要长期发力，久久为功。狭义消费环境的改善则可以通过市场监管等手段，在产品质量、安全、价格、消费者维权等方面着手保护消费者权益，让消费者放心消费，进而使促消费的政策可以在短期内见到成效。因此，本章节对消费环境薄弱环节的研究主要侧重于狭义消费环境。

二、消费环境的薄弱环节分析

消费环境薄弱会导致消费者的权益受损,因此消费环境的薄弱环节分析可以从市场交易涉及的各环节入手,分析各环节中消费者权益可能受损的风险点,如消费者的知情权、自主选择权、公平交易权、安全保障权、依法求偿权等可能被侵犯的情况。

(一) 消费环境的薄弱环节

从市场交易前涉及的消费者知情权,市场交易中涉及的消费者自主选择权、公平交易权,市场交易后涉及的消费者安全保障权、依法求偿权等入手分析我国消费环境的薄弱环节。

1. 市场交易前涉及的消费者知情权

消费者在购买决策过程中需要获取足够的商品和服务信息,对信息的质量要求及时、准确、真实、全面。但实际情况是消费者获取信息一般主要依靠厂商和经销商的各种广告,因此承载商品和服务信息的各种广告质量取决于厂商和经销商。其中的风险点是厂商和经销商可能提供虚假广告,或者在广告中隐藏产品的相关信息,误导消费者,从而侵犯消费者的知情权。

2. 市场交易中涉及的消费者自主选择权、公平交易权

消费者在市场交易过程中涉及自主选择权和公平交易权等,其中自主选择权是指消费者可以自主决定是否购买某件产品或服务,公平交易权是指在交易过程中对产品的质量要有保障、价格要合理、计量要准确等,不存在显失公平的情况。实际情况是,在自主选择权方面,消费者在购买商品过程中经常会遇到"套餐式捆绑销售"等强买强卖的霸王条款,使消费者的自主选择权受到侵犯;在公平交易权方面,消费者经常会遇到"以次充好""假冒伪劣""价格欺诈""缺斤少两"等情况,使消费者的公平交易权受到侵犯。

3. 市场交易后涉及的消费者安全保障权、依法求偿权

在交易完成后，消费者在使用商品的过程中涉及安全保障权和依法求偿权等，安全保障权是指消费者在使用商品过程中不会因为商品的瑕疵受到财产损失或者人身伤害，依法求偿权则是指消费者在使用商品过程中因为商品的瑕疵导致消费者的财产受到损失或者人身受到伤害之后，对生产厂商或者经销商依法要求赔偿的权利。实际情况中，在安全保障权方面，消费者可能会因为商品的质量问题导致消费者的财产受到损失甚至是人身受到伤害，如汽车等商品的质量一旦出现问题，不仅对消费者的财产造成较大损失，严重情况下会对消费者及其家人的人身安全造成严重隐患；在依法求偿权方面，消费者往往存在取证难、求偿成本高、相关责任方相互推诿责任等情况。

（二）社会调查结果及消费者投诉情况印证我国消费环境薄弱环节

曾进行的一份社会调查显示，受访者提及的前六种迫切需要管理的商家行为包括：（1）食品安全、食品过期；（2）商品质量问题；（3）售后服务、服务质量、服务标准；（4）价格控制、价格行为、价格欺诈；（5）以次充好、以假充真、山寨产品、欺诈行为；（6）明星代言虚假宣传、商业欺诈行为、促销行为、不诚信行为。

中国消费者协会的公开数据显示，2019年上半年全国消费者协会收到消费者各类投诉情况，其中售后服务问题占30.5%，质量问题占24.9%，合同问题占19.3%，虚假宣传问题占7.1%，价格问题占4.5%，安全问题占4.5%，假冒问题占2.8%，人格尊严占0.9%，计量问题占0.5%，其他问题占5.1%。

将以上社会调查结果和消协投诉数据与前文的狭义消费环境对比，可以发现当前我国的消费环境薄弱环节确实集中在前文分析的三种情况中，即市场交易前的消费者知情权，市场交易中的消费者自主选择权、公平交易权，市场交易后的消费者安全保障权、依法求偿权。

三、消费环境薄弱的原因分析

根据狭义消费环境的概念，消费环境薄弱表明市场交易环境存在薄弱环节，也就意味着市场监管相关的制度体系和执行体系存在有待完善的地方。

（一）立法原因：立法不完善

当前对消费者进行保护的最重要的法律是《消费者权益保护法》，另外还有相关的《合同法》《产品质量法》《食品卫生法》《药品管理法》《价格法》《计量法》《广告法》等。对照前文消费环境薄弱环节分析，发现相应的法律制度基本都已经建立起来，对消费者权益的保护建立起了全方位的法律制度。但是通过文献分析发现，一是相关法律制度存在定义不清、执行难等问题，如对"知假买假"的行为如何处理？如有的法院对"知假买假者"不认定为消费者。二是法律法规之间存在标准不统一或者相互冲突的问题，如《消费者权益保护法》中有产品三包的条款，在汽车消费领域有市场监管总局制定的《家用汽车产品修理、更换、退货责任规定》（家用汽车"三包"规定），在实际情况中存在的问题是现在消费者购买汽车之后根据《消费者权益保护法》《产品质量法》《合同法》中的相关条款消费者是可以退车的，但是家用汽车三包规定一被拿出来，就变成了不符合退换要求了。三是对于新业态的立法存在不及时等情况，导致新业态的法律依据缺失，消费者权益难以保障，如对互联网金融、网络购物等新业态的立法。

（二）执法原因：执法不严格

消费者权益保护相关的执法不严格主要体现在三个方面：一是执法力量薄弱，长期以来保护消费者权益的相关执法力量薄弱，如之前的工商局、质量技术监督局等机构的人员配置无法满足常态化的执法需要，而且部分相关的行政管理机构分别设立，部门之间缺乏有效的协调机制，无法形成合力。二是执法力度不够，对于侵犯消费者权益的侵权行为，其赔偿力度和惩罚力度不够，导致对侵权者的威慑力不足，也因此导致消费环境无法持续向好，假冒伪劣、价格欺诈、虚假宣传、强制交易等侵权行为屡禁不止。三是利益执法治标不治本，有的地方出于发展地方经济的需要，实行地方保护主义，对当地的假冒伪劣等侵权行为视而不见，或者在执法过程中搞利益执法，对侵权行为以罚款为主，无法起到标本兼治的效果。

（三）司法原因：司法成本高

消费者权益保护相关的司法成本高主要体现在两个方面：一是消费维权的简易诉讼程序缺失，大部分消费者权益受到侵犯的案件一般金额较小、案情简单，对于此类案件有很多国家针对性地建立起了适合消费诉讼的简易程序和机构，如新加坡针对2000美元以下的消费争议案件建立了小额申诉裁判庭，但是我国在这方面存在缺失，处理消费争议只能适用一般性的民事诉讼，对消费者来说往往过于复杂，费时费力，因此导致消费者对侵权事件往往忍气吞声。二是消费者维权成本较高，消费纠纷的一个问题是取证难，在适用一般民事诉讼的情况下，消费者的诉讼成本高，即使诉讼成功后，也面临赔偿和补偿力度不够，得不偿失的情况。

（四）监督机制原因：监督机制不完善

在监督机制方面存在三方面的原因：一是日常的监督机制缺失，主要体现在全覆盖的信用体系尚未建立，对企业和消费者的诚信约束缺乏强力支撑，日常的监督手段主要是抽检等方式。二是地方政府监督的悖论，这主要是因为地方政府要发展地方经济，有的地方政府就会对当地企业存在的各种侵犯消费者权益的违法行为睁一只眼闭一只眼。三是社会监督机制尚未建立，即全民参与的社会监督机制尚未建立，不过随着互联网的发展，尤其是自媒体的发展，社会监督力量在逐渐提升。

（五）宣传教育：各方认识不到位

在消费者权益保护方面的宣传教育不到位，主要体现在三个方面：一是对生产者和经营者来说，缺乏契约意识和诚信意识，没有充分认识到"顾客就是衣食父母"的问题。二是对消费者来说，缺乏消费者权益保护意识，有的消费者在权益受到侵犯之后忍气吞声，导致侵权者得寸进尺。三是对市场监管者来说，对经济增长的规律认识不清，主要体现在没有充分认识到经济增长是供给侧和需求侧相互对接的结果，如果单从供给侧出发对各种侵犯消费者权益的违法行为睁一只眼闭一只眼，就会对消费环境造成伤害，从而导致消费下降，供给侧反受其害。

四、我国消费环境的改进方向

根据前文对我国消费环境薄弱环节及其原因进行分析，可以从法律法规及执法司法体系建设、监督机制完善、加强宣传教育三个方面针对性地找准我国消费环境改进的方向。

（一）法律法规及执法司法体系建设

法律法规及执法司法体系建设可以从消费者权益保护相关的立法、执法、司法三个方面来进行。

完善法律制度体系。进一步完善消费者权益保护相关的法律制度体系，一是要从顶层谋划，"多规合一"，避免法律条款之间出现冲突的情况；二是要根据司法实践情况对《消费者权益保护法》中存在的定义不清等条目进行修订；三是要及时将新业态纳入法律监管范围，防止"野蛮生长"，损害消费者权益；四是提高对侵犯消费者权益的违法行为的惩罚力度，切实对违法者起到震慑作用。

有法必依，严格执法。2018年3月，根据新的国务院机构改革方案，将国家工商行政管理总局、国家质量监督检验检疫总局、国家食品药品监督管理总局等机构的职责整合，组建国家市场监督管理总局，这将在很大程度上避免机构之间的协调难度，为消费环境的改善保驾护航。顶层设计还需要强有力的执法队伍支撑，因此建议进一步加强市场监管的执法队伍建设，为落实市场监管相关的法律法规提供支撑。另外，在实际执法过程中，要严格执法，做到有法必依，对侵犯消费者权益的违法行为从重处罚，营造良好的消费环境和公平的竞争环境。

简化消费维权的司法程序。消费纠纷大多案情简单，金额较小。因此，一方面建议简化消费维权的司法程序，降低消费者维权的难度和成本；另一方面建议借鉴新加坡等国的经验，设立处理小额纠纷的申诉裁判庭。

（二）监督机制完善

在日常监督机制建设方面：一是要利用大数据、数据共享等手段构建全覆盖的诚信体系建设，对于不诚信的行为在市场准入、赔偿损失等方面加强执法；二是加强党风廉政建设，有的地方政府为了发展地方经济，对当地企业的违法行为视而不见，或者搞消极执法、久拖不决等，因此有必要通过党风廉政建设加强对执法者的监督，坚决纠正执法不严、违法不究等情况；三是健全消费者权益保护领域的社会监督渠道，鼓励全社会积极参与监督，共同维护良好的消费环境。

（三）加强宣传教育

加强宣传教育需要从三个方面着手：一是加强对企业家的法律宣传教育，提高供给侧各类主体的守法意识；二是加强对消费者的普法教育，提升消费者的权益保护意识；三是加强对公务员及党员干部的宣传教育，让其充分认识到"裁判中立"的重要性，在供给侧和需求侧要做到不偏不倚。

第五章
消费者权益保护经验借鉴

美国、英国、日本等发达国家对消费者权益保护工作高度重视，如美国认为企业的事情可以不管，但是消费者的事不能不管；英国认为竞争政策和被授权的消费者具有同等重要的作用，都是促进国民经济健康发展的重要力量；日本则转变了消费者权益保护工作的思路，将保护弱者的思路转变为帮助消费者自立，鼓励和帮助消费者为了争取自身的合法权益而努力。这些发达国家在保护消费者权益方面的实践走在了世界的前列，在立法工作、组织机构保障、提升民间组织作用、制度设计等方面都各有特色，值得我们借鉴。

一、消费者概念界定及消费者的权益

消费者概念界定和消费者享有的权益是开展消费者权益保护工作的两个根本问题。各国对消费者概念的界定并没有统一的共识，不过对消费者权益的理解基本是围绕消费者了解的权利、选择的权利、安全的权利、意见被听取的权利以及索赔的权利这五项。

（一）对消费者概念的争议

对消费者权益进行保护，首先需要对消费者的概念和边界界定清楚。从实践中得知，各国对消费者概念的界定并不统一，但是表现出两个主要特征，一是消费者并不局限于自然人，二是消费行为不能是以盈利为目的，或者购买的商品和服务是用于其创业或者自由职业活动。

英国对消费者的概念的界定可以分为"传统"消费者概念和"欧化"的消费者概念。"传统"的消费者概念来源于英国1977年颁布的《英国不公平合同条款法》，其要点一是消费者的购买行为不能是在其业务过程中发生，或者不能让人觉得他的购买行为是在业务过程中发生的，二是交易的商品是以通常的方式供给给私人消费；"欧化"的消费者概念则是英国在将欧盟的消费者保护指令转化为国内法时对消费者概念进行的界定。两者的区别是前者限定了自然人，后者不再局限于自然人，但是两者的共同点是都将在业务过程中发生的交易排除在了消费行为之外。所谓交易过程中是指以盈利为目的发生的交易行为。

德国对消费者概念的界定最开始体现在1894年颁布的《德国分期付款买卖法》中，其中提到的消费者将已经登记在商业登记簿上的商人排除在外。后来德国在将欧盟的消费者保护指令转化为国内法的过程中，制定了非常复杂的消费者保护体系，在实践中不同的法律法规之间存在相互冲突的情况。为了改变这种情况，使不同法律之间相互融合，德国在2000年进行了债法改革，在这次改革中德国将消费者统一界定为不以盈利为目的，也不以其独立的职业活动为目的而缔结法律行为的任何自然人。

对比分析，我国的消费者概念在《消费者权益保护法》中是指购买商品或者服务用于生活消费的消费者。这个概念存在定义不清的情况，在实践中存在职业打假人和职业打假集团，但是我国司法机构对于是否将这些职业打假人认定为消费者还存在很大的争议。以至于在调研中，被调研的市场监管部门一直提及职业打假人占用了大量的行政资源。对此也有学者研究认为职业打假人因为利益的驱动，他们有动机去与侵犯消费者权益的行为进行维权，有利于维护消费者权益。

（二）消费者权益

在实践中应该对消费者的哪些权益进行保护，这同样是消费者权益保护工作的基础问题。得到共识的消费者权益主要有五项，分别是了解的权利、选择的权利、安全的权利、意见被听取的权利以及索赔的权利，其中前四项权利是由美国总统肯尼迪在 20 世纪 60 年代在其《关于保护消费者利益的总统特别国情咨文》中提出，而索赔的权利则是由美国总统尼克松于 1969 年提出。当前各国围绕消费者权益保护的立法、机构设置等基本都是围绕消费者的这五项权利在进行。

二、美、英、日三国对消费者权益保护的实践

美国、英国和日本在消费者权益保护方面都形成了各自的特色，也走在了世界的前列，本节对这三个国家在消费者权益保护方面的立法、行政机构设置、非政府组织等方面进行了梳理。

（一）对消费者权益保护的立法

美国在消费者权益保护方面的立法非常细致，形成了联邦与各州政府互补、成文法与判例法互补、覆盖各个细分领域的法律体系；英国在 2015 年前的消费者保护法非常繁杂，各法律之间存在相互冲突的情况，为此英国便在 2015 年颁布了一部融合了所有消费者权益保护法律的法典《消费者权益法》；日本在消费者权益保护立法方面与美国和英国略有不同，日本的《消费者基本法》处于消费者权益保护的基本法地位，而且日本不是从保护消费者权益的角度立法，而是从帮助消费者自立的角度立法。

1. 美国对消费者权益保护的立法实践

美国是消费者权益保护的发源地，在 20 世纪 50 年代至 60 年代期间，逐渐建立起了完备的消费者权益保护法律体系。其法律体系一是在联邦层面和各州政府层面分别制定；二是美国的消费者权益保护法律兼具成文法和大量的判例法；三是美国并没有一部全国统一的消费者权益保护法，但是涉及消费者权益保护的立法主要侧重于食品药品安全、商标标示、契约

法、反垄断和反不正当竞争等几个方面，涵盖了各个细分领域，如医疗器材、肉品、家禽产品、食品、药物、化妆品等消费者生活的方方面面，以及商品标示、商标规范、消费者信用等。对消费者权益保护之细致值得我们借鉴。

2. 英国对消费者权益保护的立法实践

2015年英国新的《消费者权益法》颁布之前，英国传统的对消费者权益进行保护的法律体系非常复杂，不同法律之间还存在相互冲突的情况，为了解决这些问题，2014年英国政府宣布要整合所有的消费者权益保护法律，经过一年的努力，新的《消费者权益法草案》提交英国议会审议，经过上议院和下议院审议通过后，在2015年颁布。

随着新的《消费者权益法》颁布，英国对消费者权益的保护形成以《消费者权益法》为核心，以《食品安全法》《不公平合同条款法》《货物买卖法》等法律为补充的法律体系。

新的《消费者权益法》主要包括三个部分，第一部分制定了消费者购买普通商品、数字产品和服务的各种规定；第二部分涉及对不公平条款的各种详细规定；第三部分则包括法律执行、竞争法等各种杂项和其他规定。其突出特点一是将数字产品纳入了消费者权益保护范围，二是对各种不公平条款进行了详细规定，三是制定了经营者违反竞争法的各种法律后果。

3. 日本对消费者权益保护的立法实践

日本在1968年就颁布了《消费者保护基本法》，2004年日本对该法进行修订，将名称改为《消费者基本法》，将法律条款中的"保护"改变成为"帮助消费者自立"，目标是努力帮助和鼓励消费者为了自己的合法权益而自觉地采取行动。为此，法律条款中相应增加了消费者"了解的权利"的相关条款，用于收集信息；还从消费者自立的角度增加了消费者应该自觉参与保护知识产权和绿色环保等相关内容。日本的《消费者基本法》不再将消费者看成是弱者，而是从不同角度去帮助消费者成为与经营者等相当的自立的市场主体。

除此之外,日本制定的《消费者基本法》与其他国家的最大不同之处在于,该法处于消费者权益保护的基本法地位,相当于消费者权益保护的宪法。与美国缺乏全国统一的消费者保护法的做法截然不同。

(二) 对消费者权益保护的行政机构设置

美国将消费者权益保护工作置于具有广泛权力的联邦贸易委员会之下,充分体现了对消费者保护工作的重视。英国将消费者保护政策置于与竞争政策同等的地位,认为竞争政策和消费者保护政策都会成为推动国民经济健康发展的重要力量。日本则体现了完全不一样的思路,对消费者保护工作的理念是"统一行政、一元化管理"。

1. 美国对消费者权益保护的行政机构设置

美国负责消费者权益保护的最高行政机构为美国联邦贸易委员会,该机构是对美国经济领域、市场竞争和消费者保护进行综合管辖的唯一联邦机构,该机构需要综合平衡市场竞争和消费者保护,既要促进消费者权益保护,同时也要促进公平竞争,不加重合法经营者的负担。

在美国联邦贸易委员会下设置有消费者保护局,其主要职责就是保护消费者的各项合法权益,围绕避免消费者受到欺骗、欺诈和不公平对待开展工作。消费者保护局下设七个分支机构,包括广告行为处、消费者和商家教育处、执行处、金融行为处、市场行为处、计划和情报处、隐私和身份保护处。

美国联邦贸易委员会同时具有相应的执法和司法手段,但是不负责解决个人的消费者诉讼,个人消费者提供的投诉和建议信息,联邦贸易委员会将其作为对企业等市场行为主体进行调查和起诉的重要线索和证据。为了让消费者充分发挥社会监督作用,联邦贸易委员会专门建立了一个"消费者岗哨"的在线数据库,用于收集消费者提供的各种投诉和建议。联邦贸易委员会还会对存在的各种行业规则进行调查,对不公平和不合理的行业规则会进行惩罚和起诉。对于发现的各种违法行为,联邦贸易委员会可以申请美国司法部门（法院）的临时禁令和永久禁令实施司法救济。

除以上行政机构外，美国还建立了美国消费品安全委员会、美国消费者金融保护局等各种着力于消费者权益保护的行政机构。

美国对消费者权益保护工作高度重视，将消费者权益保护工作置于美国联邦贸易委员会的直接管辖内，而不是置于工商行政、农业等部委之下。而且负责消费者权益保护的几个机构的首长均是由总统直接任命，由参议院批准，包括联邦贸易委员会下的消费者保护局、美国消费品安全委员会、消费者金融保护局的行政主官。

2. 英国对消费者权益保护的行政机构设置

英国负责消费者权益保护的行政机构是商业、创新和技术部，该部门的工作是确保消费者受到公平的对待。他们对消费者权益保护的理念是公平的竞争政策和被赋予权利的消费者都将会推动市场竞争，成为促进国民经济健康发展的重要力量。

除了商业、创新和技术部之外，英国政府还设置有公平交易办公室、贸易标准局、消费者聚焦（Consumer Focus）、国民建议中心等机构。其中公平交易办公室的主要职责是确保市场的运行要有利于消费者；贸易标准局则是负责英国八十多部涉及消费者权益保护的法律的落实；消费者聚焦的职责则是研究和分析政策，同时还有权制定邮政和能源行业的消费者权益保护规则；国民建议中心是英国最大的建议提供机构，他们通过电话、电邮、互联网等各种方式为国民提供公允的建议，以满足社会公众的需求，而且这项面向全体国民的服务是免费的。

3. 日本对消费者权益保护的行政机构设置

与立法一样，在消费者权益保护的行政机构设置上，日本与美国、英国的做法都不同。日本政府在消费者权益保护上的理念是"统一行政、一元化管理"。因此日本在2009年设立了"消费者保护厅"，该机构改变了过去科层级别的行政设置，其职能完全以消费者和普通市民的权益为中心，其查处案件的思路也是改变了过去以保护生产者为中心的思路。日本在消费者权益保护方面的做法已经成为各国消费者权益保护综合行政的典范。

日本对消费者权益保护工作的最高长官是首相以及首相直接任命的消费者事务国家特命长官。

在消费者保护厅之外，为了监督落实消费者保护工作，日本内阁府还设有消费者委员会，该机构是一个高度透明的、独立的第三方审议机构，机构委员由首相任命的民间人士担任。其主要职责是监督日本"消费者保护厅"的工作，该机构可以直接向首相和相关省厅的领导提供建议，并有权要求提出反馈报告。该机构还接受总理和相关省厅领导的消费者保护咨询。

除此之外，消费者保护厅之下还设立了消费者事务中心，该机构的职责包括为消费者提供咨询和建议、处理消费者的投诉、对市场上的商品进行检测并发布报告等方面。

（三）对消费者权益保护的民间组织

消费者权益保护除了政府主导的各种行政机构之外，还需要广泛的民间组织齐心协力，否则有限的行政资源与庞大的消费者权益保护需求相比是不足的。

在美国，除了政府机构外，还有三个主要的民间组织，分别是消费者利益委员会、美国消费者联合会、美国消费者联盟。其主要职责是开展消费者权益保护研究、宣传和教育工作、接受消费者投诉等工作。如美国消费者联盟就拥有50多个属于自己的实验室，用于商品的比较试验，然后将检测结果通过其主办的刊物和网络向广大消费者发布。

英国的消费者权益保护组织名叫which，其会员超过100万，全世界排名第二，其工作宗旨就是以团队的力量努力去为个体消费者争取利益。该组织平时就致力于关注与老百姓生活息息相关的食品、健康、个人理财等方面，着力打击银行不正当收费、儿童垃圾食品等方面。

1960年英国、美国、澳大利亚、比利时、荷兰五个国家的消费者权益保护组织共同发起成立了国际消费者联盟。1983年,国际消费者联盟将3月15日确定为"国际消费者权益日",将这一天作为宣传消费者权益,促进消费者权益保护国际合作的日子。1987年9月,我国的消费者协会也加入了国际消费者联盟,每年的3月15日也会组织各种大型的消费者权益保护活动。

(四) 惩罚性赔偿制度和消费者集团诉讼制度

在消费者权益保护工作方面,国外有两点比较突出的制度设计,一是惩罚性赔偿制度;二是消费者集团诉讼制度。

1. 惩罚性赔偿制度

美国等国家在消费者权益保护的制度设计上采用了惩罚性赔偿制度,对于生产者和经营者的欺诈、欺骗等行为给消费者造成的损失,美国的很多判例体现了惩罚性赔偿的精神。

据资料记载,美国法院关于惩罚性赔偿的最高纪录是1985年12月10日由德州法院作出的总额为111亿美元的判决,其中30亿美元为惩罚性赔偿金额。另一个著名的案例则是1992年麦当劳"一杯咖啡赔了64万美元"的判例,在该案例中,79岁高龄的消费者斯黛拉·莉帕克被从麦当劳买来的咖啡烫伤,将麦当劳诉至法院,法院鉴于此前已有700多例消费者被麦当劳咖啡烫伤的报告发生,但是麦当劳没有采取任何措施,于是判决麦当劳将两天的咖啡收入赔偿给斯黛拉·莉帕克,于是就有了一杯咖啡赔偿64万美元的判例。

美国等国的惩罚性赔偿制度对惩罚性赔偿的金额并没有设置上限,虽然因此导致了一些产品责任问题,但是对生产者和经营者确实产生了很强大的震慑作用,在实践中美国的生产者和经营者都非常关注产品和服务的质量、安全等方面。

2. 消费者集团诉讼制度

对消费者的侵权行为往往呈现出金额低、频次高、范围广等特征,单个消费者在这类侵权行为发生后,考虑到自己维权的成本和收益不匹配,往往会选择放弃维权,这样反而助长了生产者和经营者的恶意侵权行为,不利于国民经济的健康发展。

消费者集团诉讼制度有效地解决了上面的问题,当出现这种广泛的和高频的侵权行为时,因为侵权行为受损失的消费者可以作为消费者代表对生产者和经营者提起诉讼,其他遇到同样问题的消费者只需要去法院进行登记即可。最终的赔偿性判决则适用于所有登记过的消费者。

从经济角度分析,生产者和经营者之所以会选择侵犯消费者权益,是基于三个因素的考虑,一是侵权的成本,二是侵权的收益,三是侵权被惩罚的概率。在消费者集团诉讼之前,消费者考虑到维权的成本和收益,往往放弃维权,降低了侵权行为被惩罚的概率,而且单个消费者即使诉讼成功,如果没有集团诉讼制度的设计,侵权者被惩罚的成本也会很低,这样实际上间接地助长了生产者和经营者的侵权行为。但是消费者集团诉讼制度的设计有效地提升了侵权者被诉讼的概率和惩罚成本,从而可以有效抑制侵权行为的发生。

三、各国消费者权益保护工作对我国的启示

通过对美国、英国、日本等国在消费者保护工作上的立法、行政机构设置、民间权益组织等方面进行梳理,可以对我国的消费者权益保护工作提供有益的借鉴

(一)进一步完善我国的消费者权益保护立法

我国的消费者权益保护立法与美国、英国和日本都存在一些共同之处,如涉及消费者权益保护的法律很多,基本形成了以《消费者权益保护法》为核心,以《产品质量法》《商标法》《食品安全法》等法律为辅助的消费者权益保护法律体系。但是法律条款还存在很多改进的空间,如部分条款的概念定义还有争议,部分法律法规之间存在相互冲突的问题等。

因此，一是建议借鉴英国的消费者权益保护立法工作，将所有涉及消费者权益保护的法律进行融合，编撰一部新的消费者保护法；二是建议借鉴美国的消费者权益保护立法工作，在法律颁布之后，每年都要跟踪检查法律的落实情况；三是建议借鉴日本的消费者权益保护工作，帮助我国消费者自立，教育、帮助和鼓励消费者为了争取自己的合法权益而努力。因为正如英国对消费者权益保护工作的理解一样，竞争政策和被授权的消费者具有同等的重要性，都是促进国民经济健康发展的重要力量。

（二）从机构设置上为我国消费者权益保护工作提供保障

经过机构改革之后，原来设置于国家工商行政管理总局下的消费者权益保护司被撤销，新成立的国家市场监督管理总局并没有成立相应的消费者权益保护司，相关职能被合并到网监司，消费者权益保护工作实质上被弱化。

因此，在消费者权益保护工作的行政机构设置上可以有两个方案选择，一是借鉴美国的做法，将消费者权益保护工作的机构置于国家发改委之下，其他与消费者权益保护工作相关的部委也要设置专门的消费者权益保护司，以发改委为牵头部门，协同开展消费者权益保护工作；二是借鉴日本的做法，在国务院组成部门直接成立一个新的消费者保护部或者消费者保护委员会。通过机构设置，持续提升消费者保护工作的组织机构保障。

（三）提升民间消费者权益保护组织的重要性

政府机构要从政策和法律制定、政策和法律落实等方面发力，同时也需要持续推进"放管服"改革，着力培育和提升民间消费者权益保护组织的重要性，充分发挥诸如消费者协会这类组织在商品对比试验、商品质量检测、消费者宣传教育、研究和政策分析、监督制定等方面的作用。甚至可以适当授权消费者协会为维护消费者利益，对生产者和经营者的违法行为提起公诉。

（四）引入和完善惩罚性赔偿制度和消费者集团诉讼制度

实践证明惩罚性赔偿制度和消费者集团诉讼制度对保护消费者权益是行之有效的制度设计。因此，政府有必要改变过去以生产者和经营者为中心的消费者权益保护工作思路，切实以消费者和普通市民为中心开展消费者权益保护工作。

对于惩罚性赔偿制度，实际上在我国《消费者权益保护法》中略有涉及，但是其构成要件比较多，如包括生产者要出现欺诈、欺骗等行为，消费者要因此受到损失，同时消费者要自己提出惩罚性赔偿的诉求。在这些要件满足之后，惩罚性赔偿也仅仅是消费者购买商品或服务的金额的双倍。要件复杂，惩罚性赔偿金额低，消费者缺乏动力维权，反而助长了侵权行为。对于消费者集团诉讼制度，我国还缺乏相关的法律实践。

因此，一是建议修订《消费者权益保护法》；二是在修法过程中建议引入消费者集团诉讼制度，进一步完善惩罚赔偿制度。

第六章
建设全国统一大市场

一、建设全国统一大市场的背景

2021年1月31日,中办、国办印发《建设高标准市场体系行动方案》,这是我国"十四五"时期建设高标准市场体系的顶层设计,包括高标准国内市场建设和高水平市场开放,是构建新发展格局的重要支撑。2022年4月10日,《中共中央 国务院关于加快建设全国统一大市场的意见》(下称《意见》)发布。短时间内,党中央就市场体系建设连发两份重要文件,充分体现了党中央、国务院对高标准市场体系和全国统一大市场建设的高度重视。

建设高标准市场体系当前首要任务是强化国内市场建设。比较发现,发文级别进一步提升的《意见》更加聚焦国内市场建设,并进一步将抽象的"高标准"具体化为"全国统一",为国内市场建设明确了考量标准。更加聚焦国内市场建设,表明现阶段我国高标准市场体系建设的首要任务是立足国内,畅通国内大循环。在经济全球化背景下,国际分工合作是大势所趋,但是部分国家贸易保护主义抬头也时刻提醒我们,发展本国经济、参与全球合作竞争始终要牢牢绷紧"打铁还需自身硬"这根弦。

强化国内市场建设是为了更好地促进市场高水平开放。构建以国内大循环为主体,国内国际双循环相互促进的新发展格局,"两个循环"是一个整体。更加聚焦国内市场建设,并不意味着不重视市场开放甚至要关起门来搞内循环。恰恰相反,"高效规范、公平竞争、充分开放"的全国统一大市场建设十二字方针表明,高标准国内市场建设是在为高水平市场开放夯实基础。

二、为什么要建设全国统一大市场

市场是全球最稀缺的资源,也是发展的资源。市场是连接供给和需求的桥梁,是企业竞争博弈的空间,是产品和服务变现的"最惊险一跃"。建设全国统一大市场可以充分发挥我国超大规模市场优势,培育本土世界一流企业,吸引全球优势要素资源,提升我国市场国际话语权。

建设全国统一大市场可以培育本土世界一流企业,充分利用国内国际两种资源。企业生存与发展需要市场。一是企业生存需要市场,有市场,产品和服务才有销路,企业才能活下去,老百姓才有稳定的就业和收入。二是企业发展需要市场,统一大市场才能支撑产品适销对路企业的产能持续扩张,支持企业做大做强;统一大市场才能为企业研发创新提供丰富的应用场景和庞大需求,支撑其技术迅速迭代更新,支持企业做强做优。因此,加快建设全国统一大市场,可以支持我国各类市场主体做强做优做大,培育本土世界一流企业,增强我国经济国际竞争力;可以吸引全球创新资源和优质企业来华创业投资,充分利用国内国际两种资源。

建设全国统一大市场可以提升我国参与国际市场规则制定的话语权,更好利用国内国际两种市场。全球市场互联互通是历史发展的必然趋势。一方面我国市场规模巨大,可以为全球经济发展提供内生动力,世界需要中国。另一方面经过40多年改革开放,我国已深度介入国际分工,未来中国将进一步融入世界,并从过去的扩大市场开放领域向更深层次的制度型开放转变。因此,加快建设全国统一大市场,可以在促进国内市场高水平开放过程中,提升我国参与国际市场规则制定的话语权,为本土企业参与国际竞争赢得先手棋,更好地利用国内国际两种市场。

三、建设全国统一大市场的机遇和挑战

国内市场大而不强,还有巨大潜力可挖。我国国内市场总体规模位居全球前列,市场化、法治化、国际化的营商环境持续优化,获得国际社会肯定。但同时,由于市场壁垒和不正当竞争等问题依然存在,导致国内市场不统一、大而不强,机遇和挑战并存。

市场壁垒和贸易保护主义造成市场分割。一方面,由于地方政府在国内生产总值、地方财政收入、居民就业等方面存在一定竞争关系,在地方产业发展规划、招商引资等政策制定和实施过程中会存在重复建设、过度竞争,导致区域分割和地方保护主义。另一方面,随着互联网交易平台发展壮大,可以破除区域壁垒联通全国的同类线上交易平台由于竞争演变出新形式的市场壁垒,平台之间"互建高墙"不能互联互通,市场壁垒从过去的横向区域壁垒演变成纵向的平台壁垒。

加快建设全国统一大市场,让天下没有难做的生意。无论是市场壁垒还是不正当竞争,都会给要素资源自由流动和市场化配置,以及各类市场主体公平竞争造成障碍,阻碍全社会经济效率提升。因此,加快建设全国统一大市场,破除市场壁垒,强化竞争政策基础地位,促使各类要素资源自主有序流动、保障各类市场主体公平竞争,是真正的"让天下没有难做的生意"。

四、如何建设全国统一大市场

(一)建设全国统一大市场要坚持十二字方针

《意见》指出建设全国统一大市场要坚持"高效规范、公平竞争、充分开放"的十二字方针。"高效规范"指出了建设全国统一大市场关键是要处理好政府和市场的关系。理论和实践都证明,市场配置资源是最有效

率的形式。但同时也要更好发挥政府作用，规范市场秩序，防止市场盲目追求效率有失公允。"公平竞争"指市场发挥优化配置资源作用的核心准则。各类市场主体通过公平竞争实现优胜劣汰，形成"僵尸"企业退出机制，促使要素资源向先进生产力集聚。"充分开放"则强调了建设全国统一大市场要有全球视野，不能关起门来搞建设。要准确把握"建设全国统一大市场"是为了畅通国内大循环，更是为了我国参与重塑全球竞争格局提供支撑。

（二）建设全国统一大市场要坚持立破并举

《意见》坚持问题导向、立破并举，从六个方面明确了建设全国统一大市场的重点任务，也勾勒出了全国统一大市场的架构和未来图景。

从立的角度，要从市场"软硬"环境，即完善市场基础制度规则的"软环境"、市场设施"硬环境"；市场体系建设，即加快建设要素和资源市场，推进商品和服务市场高水平统一；市场监管治理，即提升市场监管治理水平，以上三大领域的五个方面发力。具体来看，一是针对与市场经济底层逻辑密切相关的市场基础制度不健全、不统一、执行不到位等问题，提出强化市场基础制度规则统一，包括产权保护、市场准入、公平竞争、社会信用制度四个市场基础制度规则。二是针对与市场互联互通密切相关的硬件基础设施与市场发展需要不匹配，导致物流成本高、信息不对称等问题，提出推进市场设施高标准联通，包括流通网络、信息交互渠道、交易平台三类市场基础设施。三是针对与企业生产性需求密切相关的要素资源市场存在自由流动障碍、市场化配置不高等问题，提出打造统一的要素和资源市场，包括土地、劳动力、资本、技术、数据、能源、生态环境七类要素资源市场。四是针对与企业供给密切相关的商品和服务市场存在假冒伪劣和以次充好、价格战等不正当竞争现象，提出推进商品和服务市场高水平统一，包括质量体系、标准和计量、服务质量三方面。五是针对与市场运行和企业公平竞争密切相关的市场监管存在规则不统一、执法能力不足、执法弹性大等问题，提出推进市场监管公平统一，包括监管规则、监管执法、监管能力三个方面。

从破的角度，着力强调通过反垄断、反不正当竞争、公平竞争审查三大市场监管手段，进一步规范不正当市场竞争和市场干预行为。其中反垄断和反不正当竞争主要用于规范各类市场主体的市场竞争行为；公平竞争审查主要用于规范政府行为，《意见》在此处着墨较多，指出要破除地方保护和区域壁垒、清理废除妨碍依法平等准入和退出的规定做法、持续清理招标采购领域违反统一市场建设的规定和做法。

五、准确把握建设全国统一大市场的几个关键

建设全国统一大市场不排斥产业政策。《意见》指出要建立公平竞争政策与产业政策协调保障机制，优化完善产业政策实施方式。要认识到市场是追求效率的地方，建设全国统一大市场是为了充分发挥市场配置资源的决定性作用。各类市场主体在全国统一大市场内公平竞争、优胜劣汰，促使优势要素资源向先进生产力聚集。未来具有核心竞争力的企业和善于培育这类企业的区域将更具发展优势。因此，地方政府需要转变产业发展理念，要摒弃过去追求小而全的产业发展思路，转变为根据当地比较优势制定特色产业政策，真正培育出拥有核心竞争力的"专精特新"企业和产业，并加强与周边区域的产业分工合作。

建设全国统一大市场不要求齐步走。《意见》指出要使建设超大规模的国内市场成为一个可持续的历史过程；部分区域可以在维护全国统一大市场前提下，优先开展区域市场一体化建设工作，建立健全区域合作机制，积极总结并复制推广典型经验和做法。这说明建设全国统一大市场不可能一蹴而就，也不要求各地区齐步走，而是允许部分区域优先"组队"率先示范。同时也说明除了市场的部分底层逻辑规则外，其他市场运行规则将处于持续探索、动态更新的状态，以保持市场规则的活力防止僵化。

建设全国统一大市场不是要回到计划经济。计划经济最显著的特征是企业按计划指令进行生产，企业产品由统一的渠道进行分配销售。而《意

见》全文始终强调的是制度规则的统一、产品和服务标准的统一,目的是从根子上破除市场壁垒、维护公平竞争。其背后逻辑是为各类市场主体构建出规则制度统一的全国大市场,鼓励多样化市场主体进场公平竞争,大家各凭本事用产品和服务质量赢得消费者,不能搞垄断、不能搞不正当竞争,行业主管部门和地方政府也不能"拉偏架",真正给予有"绝活"、负责任的企业更广阔的舞台,真正让市场价格信号发挥资源优化配置作用。由此可见,建设全国统一大市场不是要统一市场主体、不是要统一分销渠道、不是要统一商品和服务、不是要统一市场价格、更不是要搞国有化。

建设全国统一大市场必然包括线上线下两类市场。随着线上交易平台的发展,市场形态发生变化,以前的市场是单一的、线下的、横向的区域市场,当前的市场是线下和线上并存的市场,线上市场是纵向的、联通全国的、分领域的市场。线下市场由政府监管维护,线上市场则演变为由企业运营,运营交易平台的企业制定的平台规则会直接影响线上市场的公平竞争。因此,建设全国统一大市场必然包括线上和线下两类市场,无论是行业主管部门还是地方政府,抑或是线上交易平台制定的妨碍统一大市场和公平竞争的各种规定和做法,都将被逐步清理废除。

第七章
以交易平台为抓手建设统一市场

在互联网大发展尤其是移动互联网大发展的背景下，交易平台在全球经济中快速扩展，成为一种新的经济形态，正在改变全球经济的竞争格局和资源配置方式，塑造各国经济的未来。

一、对交易平台的理解

交易平台是为交易双方提供场所和配套支撑的机制，在互联网背景下，当前研究对交易平台的界定特指互联网交易平台。在农业社会，人与人之间的交易最初发生在集市，后来集市逐渐演变成为农贸市场；进入工业社会之后，交易的场所扩展到丰富多样的卖场。无论是集市、农贸市场，还是丰富多样的卖场，实际上都可以理解成一种交易平台，这个维度的交易平台实际上只是为交易的发生提供了交易场所。随着部分商品交易规模的扩大和对标准化的需求，交易场所演变成为交易所，交易所形式的交易平台除了为交易的发生提供场所之外，还制定了一整套交易规则，并为交易的达成和执行提供相应的配套服务。进入21世纪，随着互联网的发展，交易平台逐步从有形的实体空间演变成为当前的互联网交易平台，互联网交易平台将原来承担交易职能的实体性交易场所虚化为一个网络空间，并进化出一整套保证交易顺利完成的交易机制。从交易平台的发展历程来看，交易平台经历了"交易场所—交易所—互联网交易平台"的不同阶段，到互联网交易平台阶段，交易平台实际上已经虚化成为一套交易规则和交易机制。

对交易平台内涵的理解，从交易费用角度看，科斯在论述企业的边界时将交易费用引入分析框架，资源的配置是通过市场交易进行还是通过企业内部调配进行，这取决于两种资源配置方式的交易成本，因此也就决定了企业与市场的边界。在科斯的论述体系里面，市场配置资源的交易成本体现为信息搜集成本、谈判、合同签订和执行等方面发生的成本，这对于企业来说是一种外部的交易费用。相对来看，企业内部配置资源的成本则主要体现为企业管理对应的制度成本。但是随着交易平台（互联网交易平台）的发展，一部分企业演变成了交易平台（或者说交易平台暂时还使用着企业的外壳），这部分具备交易平台职能的企业，将原来体现为市场交易成本的费用内化为企业（特指交易平台性质的企业）内部资源配置成本，甚至已经成为交易平台为平台内的交易双方提供服务支撑的收益。交易平台的出现将交易费用内化，使交易平台成为交易费用的载体。

二、交易平台带来的变革

交易平台从最开始的交易场所演变到当前的互联网交易平台，对资源优化配置、生产方式变革、未来经济发展格局等方面都产生了重大影响。

（一）突破时间和空间限制

随着互联网交易平台的快速发展，尤其是淘宝、京东等为代表的消费品交易平台的成功，我们发现互联网交易平台基于互联网的互联互通性，已经突破了以往行政区划的边界限制，"产品包邮区"已经在互联网交易平台的覆盖下逐步形成了统一市场。同时，由于互联网交易平台交易撮合的预定性以及构建起来的交易保障机制，使买方可以在任何时间段进行单方面下单达成交易，也就使互联网交易平台进一步突破了以往交易中面临的营业时间限制。

互联网交易平台的成功,一方面使市场交易突破了时间和空间限制,促进某一领域统一市场的形成;另一方面极大地拓展了市场交易的参与主体,促进市场竞争,进而优化资源配置。

(二) 带来生产方式和生活方式的变革

进入互联网时代之后,互联网交易平台快速发展,交易平台上汇聚了海量的买方和卖方,交易平台成为汇聚需求和供给的场所,同时由于在交易平台上达成的交易实际上是一种预定交易,线上交易达成之后才会有后续的根据线上交易指令完成线下物流配送和产品交付,这就为企业生产方式的转变提供了条件。互联网交易平台发展起来之后,企业的生产方式将逐步转变为按需生产,企业将根据交易平台上达成的交易来给生产车间下达生产指令,降低企业的库存成本以及产品过剩的风险。交易平台已经逐步演变成为汇聚市场需求,指导企业生产的"大脑",生产性企业不再需要像以往一样通过预测市场需求来进行生产,而是演化成为交易平台的一个生产节点。

(三) 推动数字经济的实现

进入互联网交易平台时代后,在交易平台上达成的所有交易都会在交易平台上留痕,包括交易主体信息、交易商品信息、交易价格信息、物流信息、资金流信息等都会沉淀在交易平台上,交易平台成为一个实质性的大数据平台。在汇总海量的交易信息之后,交易平台可以通过算法对沉淀下来的大数据进行挖掘,进一步引导消费、指导生产,优化资源配置,这将极大推动我国数字经济的实现。

三、交易平台的保障机制构建

线下交易发生于交易场所(集市、卖场、交易所等),但是从商品展示到最终成交,除交易场所之外还需要包括以下几个必要条件:一是卖方展示的交易商品的真实性；二是买方对展示商品的质量、使用价值等方面的核验；三是买卖双方的磋商谈判；四是交易达成之后的商品交付以及货币支付；五是与商品交易相关的售后服务等。

随着互联网的发展，线下交易+互联网科技，原来的线下交易流程演变成线上交易和线下交付相结合。这个流程可以归纳为以下几点：一是卖方在互联网交易平台上展示商品，这些商品的外在表现是图文视频等信息，买方并不能像线下交易一样当面确保交易商品的真实性，这就存在欺骗的可能性；二是买方和卖方通过互联网交易平台进行磋商达成交易，买方付款给第三方交易平台；三是卖方按照买方提供的收货地址发货；四是买方在收到商品时对商品的质量、使用价值等进行核验，核验通过后买方向交易平台发出付款指令，交易平台付款给卖方。

在以上互联网交易平台的交易过程中，一是交易平台要为卖方提供商品信息展示平台，并要为此建立相应的检验监督和惩罚机制，确保卖方在交易平台上展示的商品是真实的；二是交易平台要构建一个交流平台，为交易双方的磋商谈判提供便利；三是买卖双方在线上达成交易（预定交易）后，为了建立交易双方的信任关系，交易平台要构建起一套信用机制，即如何让互不认识的交易双方相信对方会按约定进行交易？对此，一方面交易平台要求买方在达成线上交易时要将交易货款支付给交易平台，交易平台确保在买方收货并核验之后，按照买方的付款指令将货款支付给卖方；另一方面为了保证卖方能按约定准时将商品交付到买方手中，交易平台要对货物的物流信息从发货到运输、再到收货进行全程实时跟踪。在以上信用机制构建中，买方通过将货款支付权限让渡给第三方交易平台构建起支付保证；交易平台通过全程跟踪物流信息，并根据买方对货物的核验结果进行支付。四是如果在商品交付和货款支付环节中出现问题，交易平台要提供交易纠纷解决机制及赔付机制。通过以上几个方面，交易平台就构建起了一整套闭环的线上交易保障机制。综上，交易平台构建的交易保障机制包括交易标的真实性保障机制、交付保障机制、支付保障机制、纠纷解决机制等。

四、交易平台的价值体现

交易平台如果自身不参与交易，不与平台上的买方卖方进行竞争，那么交易平台的盈利模式是什么？投资建设交易平台与组建一个企业有什么区别，投资建设交易平台的逻辑是什么？

（一）交易平台的利益

交易平台的出现将交易费用内化，使交易平台成为交易费用的载体。因此，交易平台的主业是为交易双方提供交易支撑服务，获取交易费用，而不是与交易双方进行竞争。如果交易平台自身又通过"自营"的方式参与交易平台上的竞争，那么交易平台除获取主业的交易费用之外，还会获得参与竞争的业务收入。除以上两项收入来源外，如果进一步从大数据平台角度去分析，就会发现交易平台的盈利模式更加丰富多样。

一是交易平台上的广告价值。当交易平台汇聚大量的买方和卖方后，卖方要在平台上展示自己的商品让买方搜寻到，此时交易平台的广告价值就在巨大的流量中体现出来。从属性看，交易平台的广告价值实际上也是一种交易费用。而且由于交易平台的大数据属性，平台广告由过去的广播式投放向精准投放转变，广告的针对性更强，直达性更精准。

二是交易平台的流量配置价值。交易平台可以通过关键词搜索、各种属性排名、就近配置等各种算法将平台上的买方流量向卖方配置，使交易平台成为流量配置中心。交易平台上的卖方为了获得更多流量，就需要通过交易平台购买，比如购买搜索关键词、购买竞价排名等。

三是交易平台的金融价值。一方面，交易平台为了在买卖双方构建起第三方信用，会构建支付保障机制，而这种支付保障机制会让交易平台的支付结算工具成为一个庞大的资金池，从而衍生出交易平台的金融价值，如利用资金池的资金进行小额消费贷、金融市场投资等；另一方面，由于各类交易主体及其交易行为的数据记录都会沉淀在交易平台上，交易平台可以通过这些数据记录精准地分析并掌握各交易主体的信用风险，进而强化交易平台的金融价值。交易平台的金融价值是当前各类交易平台都在竞相竞逐的高含金量价值。

四是交易平台的数据资产价值。交易平台同时也是大数据平台，一方面交易平台通过大数据挖掘可以为自身参与平台上的"自营"竞争提供市场分析、流量配置、广告投放等各种竞争优势；另一方面交易平台通过大数据挖掘可以形成各种基于大数据挖掘的市场分析报告，为平台内外的各类市场主体提供决策咨询支持；第三方面随着我国数据要素市场的发育，以及数据交易规则的完善，未来交易平台将成为数据要素这种新型生产要素的垄断供应方。

（二）投资交易平台与投资企业的区别

交易平台的外在表现形式主要是公司制的企业，但是投资建设交易平台与投资组建企业有截然不同的区别。

交易平台与企业的属性不同。企业本质上是一个生产决策和经营的节点，这意味着投资组建企业的初始标准是达到生产经营的开业标准，即完成厂房、机器设备、人才配置等硬件投资建设，企业就可以达到生产经营的开业标准；更进一步，如果企业生产经营的商品符合市场需求，能以市场价顺利通过市场交换实现商品价值，则意味着企业的投资是成功的。而对于交易平台来说，其本质属性则是一个大数据平台，这就意味着投资组建交易平台的成功标准并不仅仅是让交易平台达到可以为平台上的交易主体提供服务支撑为止，即将交易平台开展业务所需的硬件设施构建起来并不意味着交易平台就搭建成功了，而是要让作为大数据平台的交易平台通过开展业务累积成数据库，而且要让数据库的规模达到一定的阈值，超过这个阈值之后，交易平台可以通过机器学习和大数据挖掘来优化算法，持续改进交易平台的资源配置能力。

五、交易平台的特性

交易平台因为其业务模式，使其既具有追逐盈利的特点，又具有部分公共服务职能，类似光的"波粒二象性"一样，交易平台具有"政企二重性"。

（一）交易平台具有企业属性

投资建设交易平台是因为交易平台具有广阔的发展前景，能为投资方带来丰厚的利润回报，所以交易平台的企业属性主要体现在其追求营利性上。第一，交易平台作为交易费用的载体，交易平台的经营是要获取交易平台上各个交易主体之间的交易费用，如广告费、流量配置费、金融服务费等；第二，交易平台自身也会作为交易主体通过"自营"的方式参与交易平台上的交易，从而获得营业收入；第三，交易平台作为大数据平台，还会衍生出更多的盈利点。

（二）交易平台具有政府属性

交易平台通过汇聚大量的交易主体，为平台上的交易主体提供交易服务支撑，同时平台上的各个交易主体可以自由地搜寻其他主体并与之建立联系。交易平台实际上已经发展成为一种网络社区，这种网络社区与现实世界中行政社区的区别在于，前者以领域或行业进行划分并以交易平台为边界，后者以行政区划进行划分并以地理空间为边界。对于交易平台上的各个交易主体来说，在交易平台构建出的网络社区内，交易主体之间可以自由联系、自由交易。对于交易平台来说，在该网络社区内，交易平台要为各个交易主体制定交易规则、提供交易服务支撑、对交易主体和交易行为进行监督、协助解决交易纠纷等，这意味着交易平台在该网络社区内行使着一定的社会公共管理和服务职能，此时的交易平台则更像是网络社区的"社区居委会"或"村委会"。

(三) 交易平台"政企二重性"的表现

交易平台的"政企二重性"表现主要体现在三个方面：一是像社区居委会或村委会制定社区守则或村民公约一样，交易平台要制定本平台内适用的交易规则。如交易主体在交易平台上的市场准入，包括注册、认证、信用等级等；又如监督交易主体在交易平台上的各种不正当竞争行为，包括假冒伪劣等行为。二是像市场中介服务机构为交易双方提供有偿的中介服务一样，交易平台通过为平台内的交易主体提供交易服务支撑，从而将相应的交易费用内化为交易平台的收入。三是交易平台自身通过"自营"的形式直接参与交易平台上的市场竞争，从而获取"自营"收入。

六、对交易平台的监管

对交易平台的监管可以从交易平台的市场主体地位、政企二重性、盈利行为、平台数据等方面实施。

(一) 明确交易平台的市场主体地位

交易平台的盈利模式、竞争方式等与企业都具有显著的区别。如果仍然对企业和交易平台的存在形式不加区分，对交易平台的监管仍然使用针对企业的监管规则，则不利于市场的健康发展和市场主体之间的公平竞争。因此，有必要将交易平台明确为一种新的市场主体，对这种市场主体建立新的市场准入、市场竞争、市场监管等规则体系。

(二) 规范交易平台的政企二重性职能

交易平台的政企二重性使交易平台在市场竞争中获得了不对称的竞争优势。因此，有必要明确并规范交易平台的政企二重性，即厘清政府、交易平台（局域市场）、企业在资源配置中的边界和协同关系，明确交易平台组织企业、政府监管交易平台的基本规则，在此基础上，以清单的形式厘清交易平台的公共服务职能和企业职能。

（三）适当性监管交易平台的盈利行为

交易平台的盈利能力是多元的，包括前文所述的平台广告投放、流量配置、金融业务、数字资产等方面。因此，对交易平台的监管不能再简单地将其视为一个集团企业进行监管。考虑到交易平台作为一种新型的介于企业和市场之间的"局域市场"，或许更进一步对交易平台的业务进行分业监管更符合交易平台的实际。如对交易平台的广告投放行为适用广告法相关监管规则，对交易平台的流量配置应该参照国家对油气管网、电信宽带网络等方面的监管规则，对交易平台的金融业务要适用金融机构的监管规则。

（四）区分交易平台的数据资源

未来，当各行各业各领域的交易平台都发展起来之后，尤其是发展到了"平台之外无交易"的极致之后，交易平台的数据库记录的实际上是整个国民经济的详细运行数据，是国家的交易记录账簿。单个交易平台仅是作为某一领域的"局域市场"，其数据库记录的是该"局域市场"的运行数据，这些数据带有强烈的公共属性。因此，有必要对交易平台的数据资源进行区分，一部分数据库要定性为国家（或市场）交易记录系统的载体，这部分数据要作为国家公共数据资源，用作国家宏观经济调控的基础和交易平台行使公共服务职能的基础；同时在确定平台的公共数据基础上，要鼓励交易平台发展建立属于自己的私有数据，这部分数据受到国家私有产权法律的保护，是平台的资产，平台可以根据国家数据交易规则等制度安排进行交易。

（五）保障平台上各类交易主体的自由选择权

为了促进同类交易平台之间的公平竞争，就必须确保交易平台在"获客""留客"等行为时不能搞不正当竞争，如利用平台自身的垄断地位让平台上的交易主体"二选一"。由于交易平台的"局域市场"属性，交易平台之间恶性竞争的后果将比企业之间恶性竞争的后果更严重，因此政府要对交易平台之间的竞争进行强监管，对交易平台滥用自身垄断地位的行为要依法严厉查处。

第八章
数据要素参与收入分配

当前,数据要素正成为驱动全球经济结构转型,实现经济高质量发展的关键生产要素。以数字化的信息、技术和知识为关键投入的数字经济已成为世界主要国家力争抢占的制高点。党中央、国务院高度重视培育发展我国数据要素市场,党的十九届四中、五中全会及《中共中央 国务院关于构建更加完善的要素市场化配置体制机制的意见》等均相继对数据要素市场化配置作出了部署,并明确指出要健全"生产要素由市场评价贡献、按贡献决定报酬的机制"。

一、完善数据要素参与收入分配的重要意义

(一)完善数据要素参与收入分配是完善社会主义市场经济体制的内在要求

2019年,党的十九届四中全会将"按劳分配为主体、多种分配方式并存"和"社会主义市场经济体制"上升为我国社会主义基本经济制度,将其与"公有制为主体、多种所有制经济共同发展"这项基本经济制度并列。其中,"多种分配方式并存"的关键点就是要解决好各类生产要素按贡献参与分配的问题。数据要素作为一种新型生产要素,参与社会再生产的收益分配是数字经济时代的一项重大理论创新,是新时代分配制度改革

的与时俱进。数据要素有助于经济高质量发展，有助于构建新发展格局。要想充分发挥数据要素的正面作用，就必须完善数据要素参与收入分配的机制，确保数据要素收入分配的高效公平，激励数据要素所有者（政府、企业、个人等）有更大的空间和活力去利用数据要素发展经济、创造价值。

（二）完善数据要素参与收入分配可以畅通国民经济循环是构建新发展格局的现实需要

构建以国内大循环为主体，国内国际双循环相互促进的新发展格局，其关键点是打通生产、分配、流通、消费等社会再生产的各个环节，在畅通国内循环的基础上，促进国内国际双循环，进而为我国经济增长夯实市场基础、培育经济发展的新动能和新优势。生产环节，通过完善数据要素参与收入分配的机制，可以充分发挥数据要素的作用，促进企业生产向数字化、智能化、协同化转型，通过工业互联网的协同，可以有效组织形成产业生产，加快产业结构转型升级；消费环节，通过发挥数据要素的作用，可以对消费者进行大数据画像进而精准营销，可以对消费品需求态势进行精准分析和预测等；流通环节，通过发挥数据要素作用，可以有效减少信息不对称，促进供给和需求的匹配，甚至为小众生产和小众需求进行精准匹配；分配环节，通过发挥数据要素的作用，则可以有效提高传统生产要素的使用效率，进而提高各类要素参与收入分配的权重。

（三）激励数据要素参与收入分配可以促进资源高效利用是推动经济高质量发展的重要抓手

数据要素可以从源头上有效推动要素配置效率提升。通过数据要素与劳动力、技术、资本等其他要素的协同联动，可以实现对各类生产要素流动和使用的全面数字化智能化改造，推动实体经济的生产要素投入向精细化、精准化配置转向，使生产制造向柔性生产、工业互联的分散化生产转型升级。如在设计环节可以进行远程定制设计、生产环节可以进行智能制造和多厂协同的分散化制造、销售环节则可以通过跨行政区域联通各地的消费者扩大市场范围等。数据要素与其他生产要素的协同联动，可以通过让"数据跑起来"充分发挥数据要素流通的低成本优势，不断增加行业生产率和附加值水平，推动经济增长动能从要素规模投入向要素集约利用转变，推动经济高质量发展。而为了让"数据跑起来"，就需要通过完善数据要素参与收入分配的体制机制，来激励数据要素所有者，让数据要素向最需要它的领域流动。

二、数据要素的内涵、特征及参与收入分配的依据

（一）数据要素的内涵

随着各行业的数字化，市场上每一个经济主体（包括企业和消费者）的经济活动都伴生原始数据信息，从而逐步在网络空间积累了海量且多样化的"大数据"。然而，碎片化、非结构性的原始数据信息不能直接提供有价值的经济信息。海量的数据信息只能由数据处理企业借助云计算技术来加工处理。也就是说，数据处理企业利用新一代数字技术对网络空间的原始数据信息进行搜集、存储、清洗和分析，由此生成的数据信息产品才是可供各行业使用的数据要素。因此，一方面表明在数字经济时代，各个经济主体往往难以有效收集和使用网络空间的原始数据信息。另一方面表明数据要素是同"大数据"相对应的经济资源。对大数据进行收集、清洗和加工，可以形成结构性的数据产品，这些数据产品就是数字经济时代的数据要素。

理解数据要素的内涵，需要从三个方面着手：

第一，生产性资源只有投入生产和服务中，才能转变为生产要素。数据要素作为一种生产要素，与劳动、资本、土地、技术等生产要素一样，作为一种生产性资源，需要将其投入生产或服务，才能参与社会财富的创造，数据才能从资源转化为生产要素。

第二，数据要素的市场化配置影响着数据要素参与收入分配。当数据

要素投入生产和服务进而创造社会价值时,数据要素的所有者和使用者通过数据要素的生产和交换,实现了数据要素的市场化配置。在这个过程中,数据要素所有者和使用者需要根据数据要素的市场供求关系以及数据要素在创造社会财富过程中所做的贡献参与收入分配。

第三,数据要素具有与传统生产要素不同的几个特性。数据要素作为一种生产要素,它首先具有与劳动、资本、土地、技术等传统生产要素相同的一般性特征,如所有权、使用权、收益权,可以参与社会价值和财富创造等;同时,数据要素作为一种新型生产要素,它又具有很多不同于传统生产要素的个性特征,如可再生性、可复制性、非竞争性、显著的规模效应等。

(二) 数据要素的个性特征

第一,数据要素的可再生性。数据要素与土地(包括矿产资源)一样,是一种可以参与生产的资源。但是数据要素与土地等不可再生资源不同的是,数据要素类似于一种可再生资源,可以持续地被采集、存储,尤其是人与人、人与组织、组织内部等交互行为数据,可以源源不断地被采集和积累。

第二,数据要素的可复制性。数据要素的可再生性指的是数据要素可以从源头源源不断地被采集和积累,而数据的可复制性则是指数据要素可以被无限制地复制使用,而且是以极低的边际成本甚至是零成本被无限制地复制使用。

第三,数据要素的非竞争性。数据要素的非竞争性是从数据要素的可复制性衍生出来的特性。非竞争性是指用户对一种物品的使用不影响其他用户同时对该物品进行使用。即同时段内,多用户可以同时对某一物品进行使用。因为数据要素可以以极低的边际成本进行无限复制,因此在对数据要素进行使用时,数据要素具有非竞争性。

第四,数据要素的规模经济效应。数据要素的一个显著特点是数据规模越大,数据要素的价值越高。分散的数据只有汇聚形成大数据,才具有了数据要素投入生产服务的使用价值。因此，数据要素具有显著的规模经济效应。

（三）数据要素参与收入分配的依据和原理

要讨论数字经济时代的数据要素参与收入分配的机制，必须厘清数据要素如何作用于经济增长，并界定数据要素的产权归属。就数据要素促进经济增长来说，数据要素可以投入生产和服务，通过促进技术进步或优化要素资源配置效率，创造社会财富，促进国民经济增长，这是数据要素参与收入分配的前提和依据，具体而言可以从四个方面来理解。

1. 数据要素的投入有助于企业实现规模经济

数据要素本身具有显著的规模经济效应，因此对于数字技术企业，尤其是对互联网平台企业来说，数据要素作为这类企业的核心要素资源，这类企业的竞争力将随着数据规模扩大和相关算法的优化得到快速提升，进而在某一领域形成较高的准入门槛。因此，对于这类数字技术企业（或者说互联网平台企业）来说，其投资完成的标准除了完成企业的硬件投资，达到投产标准，包括厂房的建设、机器设备的调试安装完成之外，更重要的在于通过运营吸引用户，并对用户交互数据进行采集和积累，只有当数据规模达到一个由量变到质变的阈值之后，对这类企业的投资才算完成，而达到这一阶段之后，这类企业就已经开始在规模经济上形成加速度。

2. 数据要素的投入有助于企业实现范围经济

数据要素在企业经营生产中的作用越来越明显，数据要素的投入有助于企业实现范围经济，尤其是平台型企业出现之后。一方面，平台型企业通过互联网的作用连通了供给和需求两侧，破除了区域分割，极大地突破了原有企业的经营范围。另一方面，过去消散在市场交易中的各种数据现在沉淀在平台型企业中，形成了大数据库，通过对大数据的挖掘，平台上的供给方可以对需求方进行精准的营销广告投放，平台上的需求方，也可以找到小众化个性化的产品。

3. 数据要素的投入有助于降低市场交易成本

对于企业来说，随着交易环节的数字化，也就是说将数据要素投入交易环节可以有助于企业降低交易成本。一方面，通过数字化的交易模式，可以降低客户搜寻成本和讨价还价成本，提高交易效率。另一方面，通过数字化的交易方式，可以在更大范围内匹配供给和需求，使以前的小众化供给、个性化需求得到满足和匹配，从而产生新的增量市场。

4. 数据要素有助于企业降低管理成本

数据要素的投入可以有效降低企业的管理成本。一是对于企业内部来说，企业通过内部运营管理等数据的挖掘，可以及时地发现企业管理运营过程中存在的问题，及时地优化业务流程，降低冗余环节，提高管理效率。二是对于企业生产运营来说，数据要素的投入可以有效地提高其他传统生产要素的使用效率，提高资金周转率。在不增加其他传统生产要素投入量的情况下，降低企业生产运营成本，有效提高企业利润率。三是对于企业外部的市场拓展来说，数据要素的投入可以为企业的生产决策、市场拓展提供有效的决策支撑，从而有效降低企业的库存和无效供给，提高企业应对市场风险的能力。

三、数据要素参与收入分配的难点和堵点

数据要素参与收入分配，与其他传统生产要素一样，可以分为初次分配、二次分配和三次分配。其中初次分配注重要素配置效率，一般充分发挥市场配置资源的决定性作用；二次分配更加注重公平，更加注重政府的税收调节作用；三次分配则属于慈善等社会公益事业。就数据要素参与收入分配的难点和堵点来说，主要集中在初次分配环节，即如何用市场化的手段来优化配置数据要素。其中的难点则是数据要素的产权界定、数据要素的安全有序流通、数据要素的定价，以及对数据要素市场的治理等问题。

（一）数据产权界定不清晰导致数据要素市场化配置的激励机制缺位

要素资源所有者凭借其产权参与收入分配是激励各类要素参与市场化配置的原动力，因此清晰的产权界定是促进各类生产要素市场化交易的根本前提。数据要素产权包括数据要素的所有权、使用权、收益权。数据的产权应该赋予数据的收集者、加工者还是使用者呢？数据要素投入社会再生产产生的收益，到底是应该分配给个人、企业，还是政府呢？在市场经济条件下，清晰的产权界定是数据要素自由流动、进行市场交易、参与收入分配的前提条件。

当前，数据要素产权界定不清晰将使各类数据要素所有者在参与收入分配过程中的合法权益缺乏强有力保护，导致个人、企业、政府等各类行为主体在推进数据开放共享和市场化交易过程中动力不足。在实践中，由于立法的滞后等因素的影响，对数据要素的所有权、使用权、收益权等领域的界定仍处于空白状态。在出现纠纷的情况下，相关司法诉求常常诉诸《合同法》《反垄断法》《反不正当竞争法》等法律法规，但是在处理与数据要素产权相关的权益纠纷时，这些法律没有明确的条文规定，对数据要素产权无法进行充分保护，导致与数据要素相关的权益无法得到保障。

当前，国际上对数据要素相关权益的保护主要有两种不同观念的代表。第一种是以欧盟为代表，如欧盟的 GDPR（通用数据保护条例），更侧重于保护个人的数据权益。第二种是以美国为代表，如美国 CCPA（2018年加州消费者隐私方法案），更侧重于市场。对于我国来说，我国的数字经济发展取得了巨大的成就，但是这是建立在数据产权保护缺失情况下的一种野蛮生长状态。在当前我国数字经济已经具备了相当大规模的情况下，如果不加快完善对数据要素产权的保护，就无法进一步促进数字经济的高质量发展。

（二）数据安全顾虑对数据要素市场化配置形成负向激励

社会再生产理论认为，商品和服务要实现其价值，必须要经过交换环节，马克思称这个环节为"最惊险的一跃"。对于数据要素来说，数据要素收益的实现也需要数据经过流通、交易、使用才能够实现，其价格由市场供需决定。

但是实践中，由于对数据安全的顾虑，数据的流通、交易、共享等存在各种障碍。数据是信息、技术和知识的载体，是现实空间和真实行为在数字虚拟世界的映射。数据安全直接关系到现实世界的安全，于个人而言涉及个人隐私和人身安全、于企业而言涉及商业秘密和企业竞争力、于政府而言涉及国家安全等。同时由于数据的收集使用和流通具有非竞争性和低成本无限可复制性，这是数据要素有别于其他要素的先天优势，但同样也为数据要素的盗版和非法滥用提供了条件。具体而言，对于社会化数据来说，由于数据流通机制不健全，拥有数据的各类企业之间数据无法联通，大多数数据处于相互割裂状态。就政府的政务数据来说，由于区域分割、主管部门和行政层级等因素影响，不同层级、不同区域、不同部门的政府政务数据也无法实现数据共享。因此，对数据安全的顾虑将直接影响个人、企业、政府等各类行为主体开放数据和交易数据的主观意愿，数据交易和流通中"不愿、不敢、不易、不能"等问题普遍存在，导致场内交易的数据质量和数据价值大打折扣。

（三）数据非标性和规模经济性等特征限制了数据要素的规模化交易

承载现实空间和行为信息的大部分数据是多元非标准的，相应衍生出的数据要素或者数据产品在很大程度上具有较强的定制性，这使数据要素在流通和市场化交易中缩小了受众范围，价格形成机制不成熟，限制了数据要素的规模化交易。

另外，数据价值具有很强的规模经济性，数据维度越多、数据量越大，对现实世界的还原度就越高。因此即使小规模和非标的数据交易流通可能对全局安全影响不大，但也不得不提前预见到随着数据要素市场化水平的提升，通过零敲碎打的市场化交易也可以逐步由点到面地将全局数据收集齐整，进而对影响国家安全的全局进行画像。

（四）数据要素治理效能不高

要保护数据要素产权，加快完善数据要素市场价格形成机制，推动数据要素参与收入分配，从而激励数据要素在更大范围内的流通共享，关键在于提升数据要素市场的治理效能。要处理好数据要素的安全保护、隐私保护与企业对精准利用大数据进行生产经营和开拓市场有效竞争的矛盾，处理好数据要素市场有效竞争与大数据垄断之间的矛盾。

但是在实践中，由于数据要素的交易链条长、涉及的利益相关方多，以及相关法律法规不完善等原因，数据要素市场治理效能偏低，造成数据要素的共享、流通、交易等环节面临着诸多风险。包括个人隐私泄露、数据安全，数据平台的不正当竞争和垄断行为等。这些风险的存在导致了数据要素的收益无法得到有效保护，数据要素市场的效率和公平都没有得到激励和保护。

四、数据要素参与收入分配的思路

（一）加快完善数据要素产权制度

数字经济时代，数据要素对促进经济增长发挥着重要作用，这是数据要素参与收入分配的前提条件。但是要完善数据要素参与收入分配的机制，首先还需要完善数据要素的产权，包括所有权、收益权、使用权等，这是激励数据共享、流通、交换，促进数据要素投入社会再生产以及合理参与收入分配的必要条件。只有清晰的数据要素产权界定，才能促进数据要素向先进生产力聚集。

在实践中，对数据要素的产权界定可以从数据要素的生产维度进行研究界定。数据要素的生产涉及原始数据提供方和数据处理机构（主要包括企业和政府），对数据要素的产权界定也应该从这几个利益相关方着手进行界定。个人、企业、政务服务等原始数据的提供方，他们提供的数据是生成数据要素的原材料，这些原材料经过数据处理机构进行处理之后形成数据要素，进而投入社会再生产过程。从这个角度看，原始数据的产权应该赋予原始数据提供方，数据采集机构对原始数据进行采集应该获得授权并对原始数据提供方给付一定补偿。另外，数据处理机构对原始数据进行加工处理之后，其衍生出的数据要素或数据产品，其产权应该赋予数据处理机构。

（二）以市场化方式配置数据要素实现其收益的初次分配

党的十九届四中全会指出要健全"生产要素由市场评价贡献、按贡献决定报酬的机制"，这实际上是要求通过市场化的方式促进各类生产要素的优化配置。这就要求完善各类要素市场，构建要素交易平台，破除要素自由流动壁垒，为要素的市场化交易提供支撑，通过要素市场的价格信号促进要素的优化配置。而在要素市场化配置的同时，通过要素定价和交换实质上完成了要素的初次收益分配。

对于数据要素来说，由市场评价数据要素的市场贡献并按照贡献决定数据要素的收益，同样也是要求通过市场化的方式促进数据要素优化配置。明晰数据产权之后，激励数据要素进入市场流通交易。通过对数据要素的供求来形成数据要素价格，通过数据要素价格和供求实现数据要素的价值变现。通过让数据要素参与收入分配，激励数据要素所有者更大力度地共享数据，充分发挥超大规模数据优势，创造更大的经济和社会效益。

因此，推动数据要素的市场化配置，要从数据要素的生成、采集、初加工、数据挖掘等环节着手，鼓励各利益相关方通过数据要素产权获得合理的收益，达到激励和促进数据要素市场发展的目的。

（三）政府要加强对数据要素市场的治理

党的十九届五中全会指出要"充分发挥市场在资源配置中的决定性作

用,更好发挥政府作用"。通过市场化方式促进数据要素优化配置的同时,为了维护数据要素市场的正常秩序,需要更好发挥政府作用,加强对数据要素市场的治理。

具体来说,一方面,数据要素的贡献者大部分都是个人,在与数据采集机构的互动中一般处于弱势地位,这就要求政府制定出台更完善的数据安全和个人隐私保护规定,防止个人隐私数据的滥用。另一方面,数据要素采集机构和数据挖掘机构因为大数据优势,在数据市场上具有较强的数据垄断地位,这就要求政府要加强对大数据企业的监管,防止其滥用垄断地位进行不正当竞争。

政府加强对数据要素市场的治理,是维护数据要素市场有序运行的内在要求,是促进数据要素参与收入分配,让数据要素市场发展成果惠及更广大人民的必然要求。

(四) 政府要通过再分配机制调节数据要素初次分配结果

在社会主义市场经济体制下,促进数据要素市场发展的总体原则是兼顾效率与公平。在效率方面要推动数据要素市场化配置,促进数据要素向先进生产力聚集;在公平方面要推动数据要素参与收入分配,促进数字经济发展成果惠及更广大数据要素产权所有者,维护数据要素市场的公平。

因此,对数据要素通过市场化方式进行优化配置,数据要素参与了收益的初次分配。在此基础上,还需要进一步从数据要素收益的再分配入手,通过税收、转移支付等方式在全社会范围内对数据要素收益进行二次分配。

五、数据要素参与收入分配的实现形式及配套措施

数据要素参与收入分配,其本质实际上是数据产权通过市场化的方式实现其价值。要促进数据要素通过市场化方式参与收入分配,首先要解决的问题是明晰数据产权。要解决这个问题,需要对数据进行分阶段分类别分析。

（一）分类界定数据要素产权，促进数据要素参与收入分配

1. 数据要素的生成过程

数据要成为生产要素，要经历数据的采集、清洗、入库、挖掘等一系列过程。要理解这个过程，可以将数据要素的生成分为几个阶段，一是海量数据的生成阶段，二是数据要素的生成阶段，三是数据要素投入社会再生产的阶段，并将这三个阶段与已成熟的产业链进行比较研究。

第一阶段：从"数据矿藏"到"数据资源"——数据的采集和存储。数据要素的一个典型特点是规模经济，即数据规模越大，一般来说数据挖掘的价值越高。因此，数据要素的起始阶段应该从海量数据生成开始。数据实际上是现实世界和行为的数字化，是现实世界在数字空间的映射。数据的生成因此与现实世界、个人或市场主体的行为密切关联，是现实世界、个人或市场主体行为的数字化。现实世界、个人和市场主体的行为就是海量数据的源头。用一个不太恰当的例子来类比，则相当于远古森林之于煤炭资源的形成。在数据资源的生成阶段，为了推进现实世界的数字化，需要一些外部的前置条件，包括数据指标的设计和标准化、相关监测设备、传感器等硬件的安装。另外，海量数据的生产阶段，实际上与数据的采集、存储是同步进行的。数据采集和存储之后，于数据采集机构来说，获得了原始数据"原矿"，即获得了"数据资源"。通过这一阶段的工作，数据采集机构从"数据矿藏"中采掘获得了"数据资源"。

第二阶段：从"数据资源"到"数据资产"——数据的初加工处理。数据采集机构通过数据采集和存储，获得原始数据"原矿"之后，积少成多，形成大数据。但是要想发挥这些数据的价值，还需要对数据进行加工处理。对大数据的初加工包括数据的清洗、标记、入库等环节。通过对原始数据的初加工，使"原矿"形态的原始大数据转化成为可进一步深加工的数据"原材料"。对这一环节的理解可以类比对矿产资源的冶炼加工，形成可进一步深加工的工业原材料。如工业企业通过对铁矿石的冶炼加工生产钢材。通过这一环节的工作，数据采集机构的数据"原矿"从"数据

资源"演变成为"数据资产"。

第三阶段：从"数据资产"到"数据资本"——数据的深加工处理。数据经过前期的采集、清洗、标记、入库等处理之后，原始数据已经形成了分门别类条理清晰的数据库。在此基础上，通过数据建模（数据算法）可以对数据进行深加工处理，即数据挖掘，形成数据产品。这类生成的数据产品就是可以投入社会再生产领域的数据要素。对这一环节的理解，就像是工业企业对钢材等初级工业原材料按需进行加工，形成零部件。通过这一环节的工作，数据采集机构的"数据资产"演变成了"数据资本"，开始作为数据要素进入社会再生产领域。

2. 数据要素的产权界定

通过类比分析，在界定数据要素产权时，可以借鉴矿产资源采集和后续使用中的产权界定方式。考虑到现实中数据来源可分为非交互数据和交互数据两类，非交互数据指来源于个人行为特征、企业内部生产运营、政府内部运转的数据，交互数据则指来源于个人与企业交互、个人与政府交互、企业与政府交互产生的数据。因此，对数据产权的界定可以遵循以下两个思路：一是在数据采集和初加工阶段，对于非交互数据，建议产权可以直接界定给个人、企业和政府。对于交互数据，建议产权界定给服务需求方（服务供给方一般为数据采集方）。同时可进一步将交互数据产生的服务区分为商业行为和公共服务行为，对商业行为产生的数据，数据采集方需要获得服务需求方的授权，并保留服务需求方撤销授权删除数据的权利；对公共服务行为，数据采集方则依法进行采集和共享使用数据。二是在数据挖掘阶段，建议将"数据产品"的产权赋予实施数据挖掘的主体，在具体实施中还可参考职务科技成果产权归属实践中的相关产权激励措施。在以上数据产权清晰界定的基础上，可通过区块链等技术手段，对数据要素产权进行颁证。

（二）多措并举强化数据安全，消除数据要素所有者顾虑

数字空间是现实世界的映射，数据是信息的载体。于个人而言，数据

信息内含个人隐私，涉及个人尊严、人身安全、家庭生活等。于企业而言，数据要素包括企业生产运营产生的数据，企业对外交往产生的数据，企业通过数据挖掘形成的各种数据产品，如对内和对外的各种决策咨询报告、企业研发的核心数据算法等，无论是哪种数据要素，于企业而言可能都涉及企业的商业秘密、知识产权，进而影响企业核心竞争力等。于政府而言，数据要素涉及一地或一国的公共数据，有很多数据甚至是涉及国家经济社会安全的战略资源，如气象、交通、物流等大数据。因此，如果数据安全问题不能妥善解决，数据要素所有者的顾虑不能消除，数据要素的市场化配置就无从谈起。当前庞大的场外数据交易规模可能恰恰是对以上各种数据安全权利的变现。

解决数据安全问题，需要根据数据类别和特征分类施策。一是对于个人数据要加强隐私保护。个人数据的采集要以获得个人的授权为前提，并保留个人撤销授权和删除个人隐私数据的权利；个人数据的流通交易要以数据清洗和防止个人隐私信息回溯追踪为前提；数据采集方为获得个人信息采集授权可以给个人支付相应对价；企业因业务开展需要采集员工工作期间的行为数据，如外卖平台采集骑手数据、在线约车平台采集行车数据等，需要提前履行告知义务，数据的进一步开发和交易流通需要进行数据清洗和防回溯追踪，鼓励企业探索在工资报酬之外为员工提供额外的数据资源生成报酬。二是对于企业数据要加强商业秘密和知识产权保护。涉及企业商业秘密的生产运营等数据，其交易流通要获得企业书面授权，否则要依法从快从重进行严肃查处并对企业损失进行惩罚性赔偿，情节严重的追究刑事责任；企业通过数据挖掘形成的数据产品、企业研发的核心数据算法等，视同企业知识产权依法进行严格保护，对企业数据产品（可参考图书版权）的盗版使用、对数据算法（可参考技术研发成果和专利）等的侵权同样要从快从重进行查处并实施惩罚性赔偿，直至消除影响。三是对于政府数据要进行分级分类保护。根据政府数据的密级，将政府数据分为绿、黄、红三级，绿色级政府数据可以向各类主体公开和共享，黄色级政府数据则需要对不同主体进行数据访问权限分级管理，红色级政府数据涉及国家安全则进行高等级数据安全防护。四是创新数据访问和使用方式对元数据进行保护。借鉴金融监管实践中的"监管沙盒"理念,在数据库的访问和使用中,探索推进"元数据可用不可见、可控可计量"等新型数据利用方式。

(三)建设数据要素全国统一大市场,为数据交易提供支撑

当前,除国家统计部门和行业主管部门制定的统一的统计指标之外,绝大多数沉淀在各个数字平台上的大数据都是非标数据。对非标数据的共享,因为数据指标不统一,导致不同数据库之间的大数据难以相融等。对非标数据的交易流通,因为难以评估其内在价值或者难以匹配应用场景,导致在非标数据的交易对象匹配和交易撮合中存在交易对象搜寻难、交易定价难等问题。对非标数据的挖掘,需要定制化的场景需求和专用的数据算法,增加了非标数据的挖掘成本并缩小了市场空间。

为提升数据要素市场化交易水平,需要抓住数据标准化、统一大市场建设、市场监管三个关键点。一是提升数据标准化水平。国家统计局和行业主管部门要调动行业协会、互联网平台、企事业单位等各方力量,加紧研究并制定推出全国统一的或分行业领域统一的,甚至是分应用场景统一的细化数据标准目录,促进数据采集标准化,为后续的数据开放共享、交易流通、挖掘运用提供支撑。二是加快建设数据要素全国统一大市场。借鉴互联网消费平台的模式,构建全国统一的大数据交易平台或者出于专业性考虑构建分行业分领域的全国统一大数据交易平台,破除区域分割,统一数据要素交易规则。更重要的是,通过全国统一的数据要素交易平台,可以汇聚海量级的数据要素供给方和需求方,不仅可以促进标准化数据的大规模交易流通,而且可以有效扩大非标数据及数据产品的需求方群体,进而提升交易成功率。三是强化数据要素市场监管。强有力的市场监管一方面是维护保障合法的数据要素交易,另一方面则是要有效封堵非法的场外数据要素交易,双管齐下保护数据安全,促进数据要素市场健康发育。

（四）以税收方式调节数据要素收益再分配

与其他生产要素参与收入分配一样，政府可以通过税收等手段对收入分配进行调节，在促进生产要素优化配置，提高效率的同时，兼顾收入分配的公平性。一是对于数据要素的生产企业来说，政府可以对数据要素的收入征收数据收益所得税，这种税收类似于企业所得税，这类税收可以用于提供全社会的基本公共服务。二是政府可以对数据要素生产企业征收数据要素资源税，这种税收类似于矿产资源的资源税，这类税收可以用于促进数字经济的发展，补偿个人和各类市场主体在数据要素发展过程中为提供数据资源作出的贡献。

第三篇：场景应用

要素交易平台

第九章
土地要素交易平台

一、土地要素管理制度与衍生出的土地要素市场

土地是财富之母，是重要的生产要素。我国对土地要素实施严格的管理，包括城乡二元的土地所有制、土地用途管制制度、严格的耕地保护制度等。也由此衍生出一系列独具特色的土地要素交易市场，包括国有土地交易一级市场、集体经营性建设用地交易市场、土地要素指标交易市场等。

（一）我国土地要素相关管理制度

城乡二元土地所有制。我国的土地实行城乡二元土地所有制，即城市的土地属于国家所有。国家按照所有权与使用权分离的原则，实行城镇国有土地使用权出让、转让制度，但地下资源、埋藏物和市政公用设施除外。城镇国有土地是指市、县城、建制镇、工矿区范围内属于全民所有的土地。农村和城市郊区的土地，除由法律规定属于国家所有的以外，都属于集体所有。农民的宅基地和自留地、自留山也属于集体所有。

土地用途管制。我国的土地在具体使用上实行用途管制。《土地管理法》规定，国家编制土地利用总体规划，规定土地用途，将土地分为农用地、建设用地和未利用地。农用地是指直接用于农业生产的土地，包括耕

地、林地、草地、农田水利用地、养殖水面等；建设用地是指建造建筑物、构筑物的土地，包括城乡住宅和公共设施用地、工矿用地、交通水利设施用地、旅游用地、军事设施用地等；未利用地是指农用地和建设用地以外的土地。

"城乡建设用地增减挂钩"制度。为了实现耕地的有效保护，在现行耕地保护制度中引入了土地开发权的空间转移与跨区交易的市场机制。土地的开发权是指将一块土地进行非农开发的权利（实际上这是整体土地产权中多项权利中的一个部分），这种权利可以通过市场机制从土地上剥离出来，并从一块土地上转移到另一块土地上。通常的理解就是农村的建设用地复垦为耕地，此时这块土地的开发权被剥离出来，然后通过"城乡建设用地增减挂钩"制度，这块土地的开发权被有偿转移到城市，获得这项土地开发权的城市就可以获得比原来土地利用规划所确定开发强度更高的强度，而转出该土地开发权的农村则将在出售或转让该土地开发权之后受到严格的开发限制。

（二）我国土地要素市场类别

根据我国土地要素的管理制度衍生出相应的土地要素市场。一是国有土地使用权交易一级市场，即城镇国有土地使用权出让市场。根据《国务院办公厅关于印发整合建立统一的公共资源交易平台工作方案的通知》（国办发〔2015〕63号），要"整合工程建设项目招标投标、土地使用权和矿业权出让、国有产权交易、政府采购等交易市场，建立统一的公共资源交易平台"，城镇国有土地使用权出让一级市场正加快整合进公共资源交易平台。

二是国有土地使用权交易二级市场，即城镇国有土地使用权转让市场。由于我国对土地要素的严格管制，国有土地使用权经过一级市场出让给土地要素需求方之后，如果土地要素需求方需要将受让的土地再次转手，一种途径是按照投资计划投资强度达到25%之后进行转让，另一种途径是政府回收土地，然后再次通过土地一级市场进行出让。由于政府对土地出让途径的垄断，所以我国国有土地使用权交易的二级市场发育不足。

三是农村集体土地使用权交易市场。随着2019年8月新修订的《中华人民共和国土地管理法》（以下简称新《土地管理法》）的实施，农村集体经营性建设用地可以直接入市，随之衍生出农村集体经营性建设用地使用权出让、出租等交易市场（农村集体经营性建设用地使用权交易市场此前就有，不过大多以隐性市场的形式存在）。

四是与"城乡建设用地增减挂钩"制度的实施相对应，衍生出城乡建设用地增减挂钩结余指标等纯指标性质的交易市场。

二、我国土地要素交易平台的建设推进

根据土地要素类别的不同，建立了不同的土地要素交易平台，但是总体看这些交易平台都是由政府主导建立，有政府信誉背书。因此，在交易平台的保障机制建设方面也相对完善。

（一）分类建设土地要素交易平台

根据土地交易市场交易标的的不同，我国土地要素交易市场的交易平台建设从不同层面推进。一是对于城镇国有土地使用权出让的土地一级市场来说，此类交易平台的功能已逐步整合到公共资源交易平台中。随着公共资源交易平台的逐步完善，全国统一的国有土地使用权出让市场正在加快形成。

二是对于城镇国有土地使用权转让的土地二级市场来说，由于政府对国有土地市场出让的垄断，我国此类市场发育有待健全。

三是对于农村集体经营性建设用地使用权交易市场来说，此类交易平台的建设尚缺乏顶层设计，各地均在探索实践中。根据实地调研，农村集体经营性建设用地交易市场的交易平台一般整合在当地农村集体资产交易平台中。

四是城乡建设用地增减挂钩结余指标的交易平台。大多省份以具体项

目的形式推进，一般以县为单位开展。但是重庆、浙江、广东等地也在探索将指标具象化为"地券"，然后公开进行交易，指标的交易范围突破县域范围，实行了市域或省域内的调剂。另外，为了对口帮扶的需要，此类土地指标交易在国家统筹下，在东西部对口支援省份之间也在开展规模可控的跨省域调剂探索。此类指标交易受到严格管控，市场发育程度亦不太理想。

（二）土地要素交易平台的保障机制

由于土地要素所有权的城乡二元制，我国土地要素市场长期以来都是卖方垄断市场，相对应的交易平台也均是由政府主导建立。因此，土地要素交易平台（尤其是国有建设用地使用权交易平台）的交易标的真实性保障机制、交付保障机制和支付保障机制一般都有政府信誉的背书。

土地要素交易平台的交易标的真实性保障机制。无论是城镇国有土地使用权出让，还是集体经营性建设用地出让等土地要素交易市场，其交易标的真实性均能以政府信誉和集体信誉得以保证。另外，在城乡建设用地增减挂钩结余指标交易方面，结余指标的获取需要经过自然资源管理部门对集体建设用地的复垦情况进行验收核查，这相当于政府强制性地对此类土地要素交易平台的交易标的（结余指标或"地券"）建立了一种外部真实性保障机制。

土地要素交易平台的交付保证机制。对于城镇国有建设用地来说，在土地招拍挂之前，政府一般都委托专业的一级土地开发公司将土地整理成为净地，房地产开发公司在拍得土地后办理好相关手续即可直接进行开发。不过也存在不是净地出让的情况，此时房地产开发公司拍得土地之后，还需要进一步与当地居民进行拆迁谈判。对于集体经营性建设用地来说，其使用权出让一般经集体经济组织成员表决通过之后，土地的交付使用同样能得到保证。但是由于集体土地在权能上受到了一定限制，竞得集体经营性建设用地的企业在使用集体土地过程中可能会遇到难以抵押融资，集体土地上开办的企业在上市申请时难以通过等难题。对于城乡土地增减挂钩结余指标或"地券"来说，能上市交易的指标都已经经过了自然资源管理部门的审核，因此在通过交易获得相关结余指标后，都能按相关规定顺利交付使用。

土地要素交易平台的支付保证机制。对于城镇国有建设用地来说，交易相对方一般是地方政府和房地产开发公司，相应的土地价款支付保障由银行等金融服务中介保障。对于集体经营性建设用地来说，根据实地调研情况，由于集体经营性建设用地入市的配套制度不完善，有一部分开发商正在利用政策漏洞制造混乱。例如，在区位条件好的集体土地上，存在某些开发商以长租的形式按年付款从村集体获取到集体经营性建设用地使用权，然后在集体经营性建设用地上承诺建设运营酒店，但实际上建成商住楼形式的公寓，然后以"以租代售"的形式将公寓卖给购房者，一次性回收20年以上的租金，最后卷款跑路。由此导致大量的社会矛盾和纠纷，使当地政府焦头烂额。

土地要素交易平台的纠纷解决机制。土地要素交易市场发生纠纷的主要领域应该集中在集体经营性建设用地上，但是此类纠纷的解决一般也超过了交易平台能调解的范围。

三、土地要素交易平台的社会价值

（一）扩大竞价范围促进国有土地市场价格形成

城镇国有土地要素交易平台整合到公共资源交易平台之后，其范围突破行政区划，可以集聚更多的土地竞买方，通过集中竞价的形式，一方面促进土地要素市场价格的形成，另一方面可以减少土地协议出让等情况。尤其是在产业用地出让方面，由于一些地方政府为了招商引资，会采取协议出让等方式给企业提供产业用地，使地方政府在产业用地的获取（征地、土地整理）和出让上出现价格"倒挂"。根据实地调研，由于一些地方政府在招商引资上的激烈竞争，存在以房地产开发的土地出让金补贴产业用地的情况。如果产业用地出让也能通过更加公开透明的交易平台进行集中竞价，而不是政府与招商引资项目之间的协议出让方式，那么产业用地配置将更加市场化和优化，产业用地低效的问题将得到一定程度解决。

（二）以更加公开透明的方式保障集体经济组织成员的权益

根据调研情况，集体经营性建设用地交易一般整合在集体资产交易平台中。而且随着新《土地管理法》明确允许集体经营性建设用地直接入市之后，地方政府正在加快完善相关管理制度。在此之前，集体经营性建设用地使用权出让、转让一般都是由村集体与用地方直接进行协商，在这个过程中由于集体经济组织成员的信息不对称等原因，造成了寻租空间。在集体经营性建设用地交易平台构建之后，集体经营性建设用地入市需要通过平台进行。这样一方面增加了信息透明度，提升了集体经济组织成员的知情权；另一方面也通过公开的鉴证确保了交易双方的权益。

不过根据实地调研，当前由于相关制度设计的问题，如集体经营性建设用地使用权出让的税费较高、在交易平台公开出让需要较长的公示期等原因，造成集体经济组织将集体经营性建设用地纳入交易平台进行公开交易的意愿不高。

（三）土地指标跨区域交易可以更好促进土地要素优化配置

与"城乡建设用地增减挂钩"制度相对应的土地开发权跨空间转移是一项很好的制度设计，可以让急需建设用地指标但是后备土地资源不足的区域合法地获得土地开发权，同时又能通过直接的土地开发权交易支持对口区域。此类土地指标的跨区域交易尚在探索之中。

但是同时也应该看到，土地指标跨区域交易，一方面可以更好促进土地要素开发权的优化配置，但是另一方面由于地方主官任期的阶段性，很可能出现现任地方主官出于短期利益考虑将当地的土地开发权出让之后，影响了当地未来的发展空间，导致未来可能会花费更大的代价从其他地区购买土地开发权。

这种情况的实例可以参考借鉴当前发达国家正在推行的碳排放权交易，发达国家在工业化发展过程中大量排放温室气体，但是在自身发展之后，开始通过碳减排、碳汇、碳排放权交易等形式给后发国家制造障碍。

四、我国土地要素市场及交易平台存在的问题

（一）土地市场表现为城乡双轨运行

土地作为基础性生产资源，在工业化和城镇化进程中扮演着重要角色，与政府财政、房价波动、农村发展紧密关联。在城乡二元经济下，土地分割为农村和城市两大市场，与社会主义市场经济体制不相适应的问题日益显现。例如土地征收制度不完善导致社会矛盾较大，农村集体土地权益缺乏保障导致农村集体经营性建设用地不能与国有建设用地同等入市、同权、同价，宅基地取得、使用和退出制度不完善，土地增值收益分配机制不健全，国家、集体、个人之间利益分配不均衡。新《土地管理法》适时出台，主要就以上几方面问题进行了规定，但是有待进一步落实，相关配套措施也有待进一步跟进。

（二）城市土地市场化配置改革面临的紧迫问题

一是土地供应双轨制造成的违规圈地等问题仍未解决。由于无偿划拨和招拍挂并存，不同类型的土地管理制度细则缺失，划拨中经常出现违规圈地、乱占滥用、擅自改变划拨土地用途等损害公平竞争市场环境的问题。还有一些地方政府以协议低价出让工业用地，扰乱市场秩序。二是工业和住宅用地指标不足与工业用地闲置并存。城市用地缺口大，但是城镇工业用地市场配置资源效率不高，工业园区"圈多建少""圈而不建"等闲置问题十分突出。三是工业用地占比较高，但利用效率偏低。工业用地价格与住宅用地价格差距巨大，建设用地产出效率偏低。

（三）农村土地市场化配置改革面临的紧迫问题

一是土地征收补偿标准和集体经营性建设用地入市地价存在价格差异。土地征收补偿是政府定价，新修订的《土地管理法》中集体经营性建设用地已经与国有建设用地同等入市，属于市场价格。二是集体经营性建设用地入市不能用于住宅开发。集体经营性建设用地入市，并不意味着集体土地上可以进行商品住宅开发。《土地管理法》对集体经营性建设用地入市的用途表述是"工业、商业等经营性用途"，即集体经营性建设用地入市、征地限于工业用地。随着集体经营性建设用地入市改革的深入，城镇住宅用地来源以及小产权房何去何从是直接面临和需要破解的问题。三是宅基地入市需要继续探讨。宅基地的抵押融资、担保融资等需要深化研究，宅基地的抵押问题有待解决。

（四）土地要素交易平台需要进一步加快完善

根据前文论述，我国土地要素交易平台的建设滞后，影响了其社会价值的发挥。总体来看，存在以下几方面的问题：一是分类建立土地要素交易平台形成分割。国有土地使用权出让、集体经营性建设用地使用权出让和转让、土地指标交易等平台都是分类建立，在平台互联互通、信息共享、上位监管的方面尚存在较大改进空间。二是缺乏全国统一的土地要素交易平台。分类土地要素交易平台基本上以地方政府建设运营为主，即使是国有土地使用权出让已经整合到公共资源交易平台中，但是实际的交易行为仍然由地方来运行管理。三是土地指标跨区域交易尚在探索中。土地指标跨区域交易的交易平台仍以地方探索建设为主，全国性的跨区域土地指标交易以国家统筹为主，行政色彩浓厚。四是交易平台的保障机制需要进一步强化。由于土地要素交易平台基本都是由政府主导建立，具有政府信誉背书，其保障机制较健全，但是根据前文分析，涉及集体经营性建设用地使用权交易的平台，在交付保障和支付保障方面仍然存在较大的问题，需要通过制度设计封堵相关漏洞。

五、完善土地要素市场及交易平台的政策建议

（一）加快整合集体经营性建设用地交易平台

借鉴公共资源交易平台整合形式，加快整合由各地方政府主导建立的集体经营性建设用地交易平台，形成全国互联互通和统一的集体经营性建设用地交易平台。在论证可行的情况下，可以进一步将集体经营性建设用地的交易整合到公共资源交易平台中。加快完善集体经营性建设用地入市相关的交易规则、交易鉴证、合同登记管理、纠纷解决机制等配套制度。

（二）探索建立全国性土地指标交易平台

借鉴碳排放权交易的试点经验，在总结地方政府建设土地指标（"地券"）交易平台以及国家统筹跨省域土地指标交易的成功经验基础上，探索建立全国性的土地指标交易平台。同步完善土地指标交易平台的相关保障机制，尤其是土地指标真实性保障机制等。在交易平台建设初期，从全国层面加强土地指标交易规模的统筹，经运营实践可以尝试逐步扩大交易规模。

（三）加快完善集体经营性建设用地入市的配套制度

进一步探索健全集体经营性建设用地的使用权能，促进集体经营性建设用地与国有土地同等入市、同权同价。平衡集体经营性建设用地入市对国有土地的冲击。探索集体土地上开办的企业在上市申请审核上与国有土地上开办的企业同权。

（四）进一步优化城镇国有土地使用结构

将城镇产业用地纳入公共资源交易平台，扩大交易范围，促进产业用

地市场价格形成。调整优化住宅用地、产业用地供给结构，按照常住人口规模配置住宅用地。探索利用现有存量低效建设用地提供部分新增城市住宅用地，并确保这种通过存量转化渠道所供应的商品住宅用地达到城市所有住宅用地供应的某个固定比例。

第十章
劳动力要素交易平台

一、劳动力要素市场涉及的人力资源业务梳理

劳动是财富之父，劳动力要素是最活跃的生产要素。在计划经济时代，我国实行"统包统分"的就业制度，劳动力要素的配置完全由政府计划指令完成。改革开放以来，劳动力要素配置方式发生根本性转变，市场机制逐步发挥主导作用，劳动力市场各个主体和交易机制逐步完善。与之同步的是，劳动力市场的业务类型也越来越丰富。

（一）劳动力要素"生产环节"涉及的业务类型

劳动力要素"生产环节"涉及的业务：一是对劳动力要素的教育和培训，包括学历教育、技能培训。涉及的主体包括高校、科研机构、职业技术学校、企业等，部分劳动力要素交易平台（人力资源公司）也开始将业务向教育培训领域延伸。二是对劳动力要素"质量"的"检测认证"，这些认证包括学历教育机构给毕业学生发放的毕业证和学位证，政府主管部门组织的考试通过之后发放的各种从业资格证、执业资格证，以及专业技术人员的职称证等，职业技术学校、企业和行业协会等社会机构进行培训之后发放的培训结业证书等。

（二）劳动力要素"需求环节"涉及的业务类型

劳动力要素"需求环节"主要涉及企业等用人单位对劳动力（包括人

才）要素的搜寻、考录和使用。对于搜寻业务来说，一是由企业等用人单位自行发布招聘信息，或者去高校、人才市场获取求职人员信息，组织招聘会；二是企业等单位委托人力资源中介公司代为搜寻相关人才，如"猎头"公司；三是用人单位直接与人力资源中介服务机构签订人员派遣协议，由中介公司招录工作人员，然后派遣至用人单位。对于考录业务来说，一是用人单位自行组织招考；二是用人单位委托第三方专业机构招考；三是类似公务员录用考试一样进行统一招考。另外，由考录业务还衍生出各种考试培训业务。对于劳动力要素的使用来说，用人单位在使用过程中涉及社保、医保等相关业务的办理，以及入职培训、在职教育培训等。

（三）劳动力要素"流通环节"涉及的业务类型

劳动力要素"流通环节"主要涉及劳动力要素供给方和需求方的对接，供给方包括教育培训机构、劳动力（人才）本身，需求方包括各类用人单位。为了促进供需双方对接，一是线下的对接形式包括各种类型的人才市场、中介机构组织的专场招聘会；二是随着互联网的发展和普及，劳动力要素的线上交易平台（实际名称可能是各种形式的人才中介服务公司，如中华英才、智联招聘等）逐步发展起来，求职人员和用人单位都只需在交易平台上填报个人求职信息和获取求职者信息。

二、劳动力要素交易平台的保障机制

前文梳理了劳动力要素市场涉及的主要业务类型，其中劳动力要素"流通环节"与劳动力要素交易平台密切相关。随着互联网的发展，促进劳动力要素供需双方对接的人才市场、人力资源服务企业也开始数字化转型升级，逐渐演变成为劳动力要素线上交易平台。因此，劳动力要素交易平台与消费品的互联网交易平台一样，同样需要构建四大保障机制，即交易标的真实性保障机制、交易标的交付保障机制、付款保障机制、纠纷解决机制。

（一）劳动力要素交易平台的交易标的真实性保障机制

劳动力要素交易平台上的交易标的实际上是劳动力（人才），为了确保用人单位在交易平台上获取的求职者信息真实可靠，交易平台运营方必须建立相关真实性保障机制。求职者为了获得笔试面试机会，或者获得更好的工作岗位，在填报个人信息时有夸大个人经历的动机。此时，交易平台为了保障求职者简历信息的真实性，一方面会要求求职者上传与个人经历相关的证明材料，包括各种能力和资格证书、实习鉴定、工作合同等；另一方面交易平台可以通过图像识别等科技手段将求职者上传的证明材料与填报的信息进行自动比对，或者安排工作人员对简历进行审核。随着数字社会的发展，未来交易平台为了保障求职者简历信息的真实性，更可以直接与教育培训机构、人才认证机构、各类企业进行数据交换共享，进而实现更可靠、更智能的真实性保障。

（二）劳动力要素交易平台的交易标的交付保障机制

劳动力要素交易平台在对接用人单位的过程中，有三个方面会涉及交付业务：一是用人单位从交易平台获取求职者简历信息，交易平台要按照用人单位的选择将相关求职者简历信息交付用人单位；二是用人单位委托交易平台搜寻和招聘与岗位匹配的求职者，此时交易平台实际上充当了"猎头"的角色，交易平台在完成委托任务后，将搜寻到的求职者信息或者"猎"来的求职者交付用人单位；三是用人单位与交易平台签订劳务派遣协议，交易平台招聘工作人员之后，将合格的工作人员交付给用人单位。

（三）劳动力要素交易平台的付款保障机制

劳动力要素交易平台涉及付款保障机制的业务，与前面的交易标的交付保障机制相对应。一是用人单位从交易平台获取求职者信息时支付的费用；二是用人单位委托交易平台搜寻、招聘与岗位匹配的求职者，在交易平台（猎头）将匹配的求职者信息或者求职者交付用人单位时，用人单位支付的相关费用；三是用人单位与交易平台签订劳务派遣合同，交易平台给用人单位派遣合格工作人员后，用人单位支付的相关费用。

从以上业务的支付双方可以发现，当前劳动力要素交易平台涉及的付款与收款发生在交易平台与用人单位之间。与消费品交易平台不一样，消费品交易平台的交付与付款涉及供求双方和交易平台第三方。因此，劳动力要素交易平台的交付与付款，是我们通常理解的交易标的买卖支付问题，并不需要一个第三方建立付款保障机制。

但是劳动力要素交易平台与消费品交易平台的付款保障机制还存在一个不同之处，即劳动力要素交易平台在与用人单位签订劳务派遣服务合同时，相关费用的支付由于信息不对称等原因，导致了该行业内存在"潜规则"问题。如根据实地调研获得的信息，劳动力要素交易平台给用人单位派遣工作人员之后，用人单位给交易平台支付的费用里面，包括支付给交易平台的服务费、支付给派遣工作人员的工资（或者工资由用人单位直接支付给派遣工作人员）以及派遣工作人员的社保费用（因为用工合同是由交易平台与派遣工作人员签订的，社保应该由交易平台给派遣工作人员缴纳），但是现实中，交易平台收取上述费用之后，并不会给派遣工作人员缴纳社保或者足额缴纳社保，导致劳务派遣用工的利益受损，该业务也成为劳动力要素市场中的一个灰色地带。

（四）劳动力要素交易平台的纠纷解决机制

由于劳动力要素交易平台与消费品交易平台在支付保障机制上的不同，因此在劳动力要素交易平台上衍生涉及的交易纠纷大多不需要交易平台来解决，而是由求职者和用人单位直接提交劳动合同纠纷仲裁庭等专业机构解决。

唯一例外的业务是劳动力要素交易平台与用人单位之间签订的劳务派遣服务合同，如果发生劳务纠纷，需要交易平台、用人单位、求职者三方共同协商解决，如果协商不能达成共识，需要提交仲裁庭等机构。

（五）与劳动力要素流动匹配的相关制度安排

劳动力要素与消费品不同之处还在于，政府对劳动力（人才）要素建立了一套完善的管理服务制度，一是涉及劳动力（人才）自由流动的户籍制度安排；二是涉及劳动力（人才）权益的社会保障制度，包括医保、养老保险、住房公积金等。

劳动力要素交易平台的基本功能是对接求职者与用人单位，实现供需双方的匹配。如果交易平台的这个业务范围超出了一定的行政区划范围，劳动力（人才）要素的流动就需要政府制定的相关管理服务及时跟进。否则，劳动力（人才）的权益将无法得到保障或者成为劳动力（人才）要素自由流动的阻碍。

三、劳动力要素交易平台的社会价值

（一）劳动力要素交易平台可以在更大范围内优化人力资源配置

随着互联网的发展和普及，劳动力要素交易平台从实体的人才市场演变成为互联网平台，通过互联网的互联互通性，劳动力要素交易平台可以将业务范围突破行政区划的分割，在全国范围内甚至是全球范围内为用人单位搜寻和匹配求职者。如果政府部门对劳动力（人才）要素的流动和社会保障相关管理制度能及时跟进，那么劳动力要素交易平台可以实质性地在更大范围内优化人力资源配置，将更多合适的人放在合适的岗位上，为社会创造更大的价值。

（二）劳动力要素交易平台可以促进教育资源的更合理配置

如果未来随着数据要素市场的发展、数字社会的发展，劳动力要素交易平台可以连接更多的教育培训机构和用人单位，那么劳动力要素交易平台作为大数据平台，可以更详细地掌握劳动力要素市场的供给和需求情况,据此交易平台可以深入挖掘用人单位的岗位需求和技能需求,为教育培训机构提供更合理的学科规划和调整建议,让全社会的教育资源得到更优化的配置。劳动力要素交易平台的这一衍生功能,实际上是与前文所述交易平台汇聚庞大需求方之后能实际为供给方提供决策的衍生功能匹配的。劳动力要素交易平台这一功能的发挥也充分体现了以企业等用人单位为主体的需求导向来培养合格人才。

在上述基础上,部分劳动力要素交易平台已经将自身的业务领域从"流通环节"直接拓展到了"生产环节",即部分劳动力要素交易平台已经着手开展教育培训业务,交易平台根据自身掌握的劳动力要素需求情况,开展劳动力技能培训,直接为用人单位需求方"生产"合格的劳动力(技能人才)。

(三)劳动力要素交易平台可以更好保障劳动力合法权益

前文在论述劳动力要素交易平台的支付保障机制时,讨论过当前劳务派遣用工中存在的灰色地带。如果政府相关监管部门能通过优化机制设计、加强监管等方式封堵住该行业中存在的劳务派遣用工漏洞,确保劳动力要素交易平台能为派遣的工作人员足额缴纳社保费用等,那么劳动力要素交易平台作为派遣用工的一个集合体(求职者集合体),可以获取更大的话语权来代表派遣的工作人员与用工企业进行工资和福利待遇的谈判,这样可以部分消除劳动力要素相对用人单位的弱势地位,为派遣的工作人员争取更多的权益。

四、劳动力要素市场及交易平台发展中存在的问题

(一)劳动力市场仍然存在不同形式的分割

我国劳动力市场不仅存在"主要劳动力市场"和"次要劳动力市场"的分割,更存在着深度和广度巨大的以户籍制度和劳动用工制度为代表的

一系列制度性分割，包括城乡劳动力市场的分割，不同体制的部门之间的分割等，而且虽然部分明显带有歧视性的政策已经逐渐被取缔，但是一些地方仍然在维护这些歧视性制度，导致劳动力市场分割的体制机制性因素依然大量存在。

（二）户籍制度仍然制约着城乡区域间劳动力的自由流动

改革开放之后，劳动力市场的开放性明显增强，农村富余劳动力大量进入城镇和发达地区，劳动力的城乡流动表现出潮汐式和候鸟式的特点，农村转移劳动力并没有真正融入城市。由于城乡分割的户籍制度、土地制度等，事实上造成了城乡之间在教育、医疗、社保、卫生等方面一系列的权利和福利差异。一是就业。早期，城市政府曾经直接通过政策管制来限制企业招收外来劳动力，或者限制外来劳动力进入一些特定行业。今天虽然大多数歧视性政策已经被取消，但是非本地城镇户籍人口要进入到当地的政府机关公务员系统和高收入的垄断行业，仍然存在很多阻碍。二是社会保障。我国现有的社会保障体系是由本地财政支撑并独立运行的，各个城市的社会保障均以服务本地居民为主。即使有些城市有专门为外来人口提供的社会保障，但是其保障水平也比较低，外来劳动力参与率不高，这些社会保障包括养老保险、就业援助等方面。三是公共服务，特别是子女教育。地方政府的优质教育资源，尤其是优质的义务教育资源一般都是与当地户籍和住房直接挂钩的，外来劳动力的子女很难公平享受到当地政府提供的公共服务资源。

（三）不同部门不同身份的劳动力流动渠道仍然不够畅通

在劳动力流动渠道上，国有与非国有部门人员的流动存在体制机制性障碍，没有形成国有与非国有部门人员双向顺畅流动的渠道。在干部人事制度、劳动用工制度等方面，仍然采取内外分割的管理体制，在国有与非国有部门之间形成了事实上的隐性身份制度，社会上更认可在国有部门工作。科技研发人员的流动也存在体制机制障碍，户籍、身份、学历、人事关系等一些条件的限制，仍在客观上制约着人才的横向流动，在部分城市户籍限制仍然是制约高层次人才、急需紧缺人才流动的因素之一。在机关事业单位内部流动方面，则受到身份性质、福利待遇等方面的制约。现阶段机关事业单位不同身份人员的管理方式、工资福利、晋升渠道等方面不尽相同，这些制度上的差异形成了不同身份人员之间自由流动的"玻璃门"。

（四）劳动力要素交易平台建设滞后

劳动力要素交易平台的建设滞后主要体现在以下几个方面：一是全国性的市场化的劳动力要素交易平台发育不足。除中华英才、智联招聘等少数劳动力要素交易平台的业务范围能跨行政区覆盖外，大部分此类交易平台的业务范围尚局限在本地，由此导致劳动力（人才）要素的区域小循环，以及全国统一的劳动力（人才）市场建设缓慢。二是公共性质的劳动力要素市场信息共享平台尚未建立。由于劳动力要素市场的特殊性，涉及个人信息、企业用人需求等隐私信息和商业秘密，类似全国公共资源交易平台那样的公共性质的信息共享平台尚难以建立。三是劳动力要素交易平台的各项保障机制尚不健全。如劳动力要素交易平台对交易标的的真实性保障就存在缺陷，据调研获得的信息，一方面，用人单位从劳动力要素交易平台获取到的求职者简历信息存在过期性，交易平台缺乏对求职者简历信息的动态跟踪和更新，由此导致交易标的的信息失真，给用人单位带来大量的额外成本。另一方面，也存在求职者个人隐私信息的泄露。另外，劳动力要素交易平台支付保障机制中，也因为缺乏对交易平台的监管，导致在劳务派遣用工领域存在交易平台侵犯劳务派遣员工合法权益的情况。

五、完善劳动力要素市场及交易平台的政策建议

（一）打造全国性的劳动力要素交易平台

为了打破劳动力要素的区域小循环，要加快打造一批全国性的劳动力

要素交易平台。这些全国性的交易平台可以从当前已有的全国性的市场化的交易平台中培育；考虑到劳动力要素交易平台涉及的隐私信息，也可以借鉴公共资源交易平台的建设经验，构建全国统一的、国有公益性质的劳动力要素交易平台。据此，促进劳动力要素在全国范围内的优化配置。

(二) 鼓励支持劳动力要素交易平台完善保障机制

劳动力要素交易平台在交易标的真实性保障方面尚存在很大改进空间，但是交易平台要想动态跟踪求职者的就业信息，一方面可能需要交易平台设计出更合理有效的激励机制来鼓励求职者动态更新自己的简历信息和求职信息；另一方面可能需要鼓励支持政府相关部门（包括档案管理部门、社保管理部门等）加强与劳动力要素交易平台在数据共享等方面的合作。据此也可以发现，如果能构建出全国统一的、国有公益性质的劳动力要素交易平台，这类信息共享可能更容易推动实行。

(三) 鼓励支持劳动力要素交易平台发挥平台衍生功能

劳动力要素交易平台同样是一个大数据平台，其可预见的重要衍生功能包括促进教育资源的优化配置、为派遣用工争取更大权益、拓展业务领域直接介入技能人才培育等。因此，一是要加快推进数据要素市场建设，完善数据要素产权、交易规则等，为劳动力要素交易平台的信息共享、发挥平台衍生功能提供支撑。二是要加快完善政府相关部门（包括档案管理部门、社保管理部门等）的数据共享清单，推进公共数据共享，充分平衡个人隐私信息保护和支持劳动力要素交易平台发展。三是要鼓励支持劳动力要素交易平台进入技能人才培训领域。

(四) 加强对劳动力要素交易平台的监管

劳动力要素交易平台作为"人力资源市场"的一种具象化，需要政府部门加强监管。尤其是在劳动力要素交易平台开展劳务派遣业务、直接介入技能人才培训业务等方面时，要通过制度设计和强化监管，确保交易平台保障劳务派遣员工和学员合法权益。

(五) 加快完善相关劳动力要素管理服务机制

劳动力要素交易平台的基本功能是打破人力资源市场的区域分割，促进劳动力要素在全国范围内的优化配置。但是与之匹配的前提条件是，政府设计的相关管理制度，如户籍制度、社会保障制度等，要能及时跟上人口流动的步伐。因此，在促进全国性的劳动力要素交易平台建设时，要同步加快推进户籍制度和社保制度改革，为劳动力要素自由流动提供支撑。

第十一章
技术要素交易平台

2020年3月,中共中央、国务院印发《关于构建更加完善的要素市场化配置体制机制的意见》(中发〔2020〕9号)(以下简称《意见》),首次对我国要素市场建设进行了最高规格的科学系统的顶层设计。《意见》在"加快发展技术要素市场"一节中明确提出"培育发展技术转移机构和技术经理人";在"健全要素市场运行机制"一节中明确提出"健全要素市场化交易平台""完善要素交易规则和服务",并指出要"健全科技成果交易平台,完善技术成果转化公开交易与监管体系""研究制定土地、技术市场交易管理制度""推进全流程电子化交易""鼓励要素交易平台与各类金融机构、中介机构合作",这为我国技术要素市场的发展以及技术要素交易平台的建设指明了方向。

一、我国技术要素市场中介服务体系建设推进情况

(一)促进技术转移机构专业化发展

2017年,国务院出台《国家技术转移体系建设方案》,明确提出发展技术转移机构,引导技术转移机构市场化、规范化发展。截至2019年底,全国共有各类国家技术转移机构453家,已建设9个科技成果转移转化示范区、11家国家技术转移区域中心、40余家技术交易市场、11家国家技

术转移人才培养基地，建成了全国统一的技术交易合同登记服务系统。2020年5月，科技部、教育部印发《关于进一步推进高等学校专业化技术转移机构建设发展的实施意见》，一批高校院所采取设立独立技术转移办公室（中心）、技术转移公司、与地方和企业共建新型研发机构等多种方式，发展专业化技术转移机构。

（二）加强技术转移从业人员培育

自2016年起，科技部结合国家技术转移区域中心建设，在北京、上海、湖北、深圳等重点区域，布局了11家国家技术转移人才培养基地；2020年开展第二批国家技术转移人才培养基地申报工作，确定新增25家国家技术转移人才培养基地。2000年3月，科技部印发《国家技术转移专业人员能力等级培训大纲》（试行），开展初级/中级/高级技术经理人能力等级培训。

（三）逐步完善科技中介服务的评价体系

2018年，科技部联合原质检总局、北京市技术市场协会等发布《技术转移服务规范》推荐性国家标准，规定技术开发服务、技术转移服务等7类服务要求，规范技术转移活动。青岛联合天津、上海、浙江和福建等国内的33家单位，经中国标准化协会2019年发布《应用技术类科技成果评价规范》《科技成果挂牌交易服务规范》《科技成果拍卖服务规范》和《技术合同认定登记服务规范》4项团体标准，成为国内首套围绕促进技术转移、贯彻技术交易全链条的科技服务领域系列国家团体标准。

二、我国技术要素市场及中介服务体系存在的问题

（一）技术市场供求机制不完善

一是技术供给质量偏低，技术有效供给不足。尽管我国科技成果增长

迅速，但转化率低的问题饱受诟病。近年来，我国每年新涌现专利成果超过100万项，但是真正形成产业规模的不多，技术的有效供给严重不足。

二是中试熟化环节不完善，科技成果难以跨越从实验室产品到产业化之间的"死亡之谷"。我国不少科研院所和高校缺乏中试设备和中试资金，不具备中试条件。科研成果中试熟化相关的平台、技术、人才和资金投入不足，导致科技成果多为实验室阶段成果或初级产品阶段，大多不能转化，企业对科技成果"接不住、用不了"。

三是市场导向的创新机制难以实质性确立。长期以来，我国企业在技术创新方面，普遍存在急功近利等短视倾向，技术开发投资意愿不高。而一些高校和科研院所等创新主体又过度依赖政府经费和政策激励，研究选题往往偏重理论，由市场来发现和选拔产业项目、配置科技资源的机制难以形成。

（二）技术市场相关政策法规不健全

一是知识产权保护力度不够，制约着技术相关信息的披露与交易达成。技术交易往往要求披露一定的信息，但知识产权保护不到位使得科技成果公开交易的意愿不高，而更多地选择了私下磋商和地下转化。

二是技术市场法律法规不健全。缺乏针对规范技术要素市场主体、客体和交易行为以及保障和促进技术要素市场发展的专门政策法规性文件，导致全国各地的技术要素市场监管不统一、交易行为不规范、政策落实不到位等诸多问题出现。

（三）技术要素交易平台建设滞后

一是技术要素交易平台存在较严重的区域分割。我国的技术要素交易平台普遍存在以省、市等行政区划为基础构建的情况，即使在线上交易平台推广的背景下，技术要素交易平台的区域性市场分割情况也非常严重。在中国技术交易所成立之前，我国基本上没有全国性的技术交易平台。在对湖南省的技术要素交易平台进行调研之后发现，湖南省虽然建立了省市两级的潇湘科技要素大市场，但是省市两级的交易平台并不是一体化的。

二是技术要素交易平台的功能单一。虽然很多技术要素交易平台整合了大量的中介服务机构，但是这些机构并没有在业务链条上进行融合。由此，当前我国大多技术要素交易平台只是提供一个供需对接平台，服务水平不高、服务功能和形式单一。由此导致技术要素交易平台上技术商品的流通和转移不畅，无法通过价格机制实现对科技创新资源的有效配置。

三是技术要素交易平台的保障机制不健全。技术要素交易平台的交易标的真实性保证、信息保密等机制不健全，使技术商品所有者担心技术泄密等问题，导致技术要素的场外交易较多。

（四）技术转移转化人才队伍建设滞后

技术转移转化从业人员素质有待提升。与一般商品相比，技术交易更为复杂，涉及技术评审、转让方式、相关法律、合作期限等多方面问题，这就要求技术转移转化人才必须既懂技术又熟悉市场，既懂法律又懂协调组织。我国已经初步形成一支技术经纪人队伍，但是大部分都是转行而来，高水平、专业化的复合型技术经纪人才严重不足。

三、技术要素交易平台的保障机制

技术要素交易平台与消费品的互联网交易平台一样，同样需要构建四大保障机制，即交易标的真实性保障机制、交易标的交付保障机制、付款保障机制、纠纷解决机制。

（一）技术要素交易平台的交易标的真实性保障机制

技术要素交易平台为了提升平台交易主体的信任感，促进平台交易活跃度，首要的工作是必须保障在平台上进行交易的交易标的的真实性。技术要素交易平台上的交易标的与消费品互联网交易平台上的交易标的存在本质的区别，前者的交易标的是技术成果，是一种信息和无形资产，是非标化的商品；后者的交易标的是实实在在的消费品，可以是标准化的商品。因此，技术要素交易平台要保障平台上技术商品的真实性，就需要构建相应的认证和验证机制。如最有说服力的认证机制是技术成果已经获得国家知识产权局授予的技术发明专利。技术商品认证机制的另一个作用是对技术商品进行确权，在确权的基础上，才能进一步进行后续交易。

（二）技术要素交易平台的交易标的交付保障机制

为了保障交易平台买方的利益，交易平台需要构建交易标的交付保障机制。消费品互联网交易平台的交付机制主要由相应的物流运输、线上实时追踪、买方的验货签字、线上收货确认等机制来保证。因为技术商品本质上是一种信息，因此技术要素交易平台对技术商品的交付机制与消费品互联网交易平台的交付机制不同。技术要素交易平台的交付保障机制的两个重点：一是技术商品的评估，二是技术交易合同的签订和技术交易合同的登记。

消费品互联网交易平台的交付机制中有一个环节是消费品的验货收货，因为消费品的质量验证一般比较简单，不涉及复杂的专业知识，所以这个环节可以由消费者自行验货。但是技术商品与消费品不一样，技术商品具有专业性、复杂性的特点，技术商品买方对技术商品的收货验证就需要专业的技术人员和机构来协助，这就涉及技术要素交易平台交付保障机制的第一个重点。在技术商品经过专业机构的验证之后，交易保障机制的第二个重点就是技术商品的产权登记，即所有权过户或者使用权授权确认。

（三）技术要素交易平台的付款保障机制

为了保障技术商品卖方的利益，在技术商品经过买方或者第三方（可以是交易平台提供的）公正的技术验证（验货环节）和交易合同签订之后，技术要素交易平台要能保障卖方如期收到技术商品交易相关的款项。如消费品互联网交易平台（电商）构建的付款保障机制——支付宝，由买方在签订购买合同（线上下单确认）之后向第三方（支付宝）提交足额交易保证金（购物款），以此保证买方在收货签字之后，支付宝向卖方及时支付货款。技术要素交易平台实际上也需要构建类似的付款保障机制。如根据实地调研了解到，某技术要素交易平台构建的付款保障机制如下：一是由买方提交竞价保证金，然后买方可以参与技术商品竞买；二是技术商品买卖双方在签订技术成交合同之后，由技术合同买方足额提交技术成交价款；三是在技术合同买方足额提交价款之后，交易平台通知技术卖方进行技术交付、合同登记（产权过户）；四是在技术卖方完成登记过户之后，带上相关证明材料到交易平台办理技术成交价款划拨手续。

（四）技术要素交易平台的纠纷解决机制

技术要素交易平台同样需要持续完善相关交易纠纷解决机制。由于技术交易的复杂性和专业性，技术要素交易平台的纠纷解决机制涉及的业务更复杂，这就要求技术要素交易平台需要整合会计师事务所、律师事务所等中介服务机构，甚至需要与知识产权局、知识产权法庭等机构建立常态化的互动。

四、技术要素交易平台的社会价值

技术要素交易平台的核心社会价值是促进科技创新。其主要的实现方式：一是通过促进技术成果交易，提升科技成果转移转化率。二是通过做好技术需求方的经纪人，提升需求方话语权。三是从技术研发阶段入手，对接金融与科技资源。四是对接创新资源供需双方，促进合作。

（一）提升科技成果转移转化率

技术要素交易平台的基础功能是为技术成果的交易提供支撑，促进技术成果供需双方的对接匹配，从而提升科技成果转移转化率。在互联网交易平台广泛运用的背景下，技术要素交易平台促进技术成果交易的方式主要有三个方面：一是技术要素交易平台与互联网结合，利用互联网互联互通的特性，扩展技术要素交易平台的延伸范围，突破行政区划分割，极大扩展技术成果的交易范围，让技术成果在更宽广的范围内优化配置。二是技术要素交易平台通过汇聚大量的技术要素交易中介服务机构构建技术要素市场生态体系，如技术检验检测机构、会计师事务所、律师事务所、金融服务机构、技术登记管理机构等，通过生态体系中各机构之间的协作完善技术成果交易所需的配套服务支撑。三是技术要素交易平台数字化改造之后，通过数据共享、一站式线上服务等方式极大提升了交易便捷性，促进了技术成果交易的效率。

（二）提升技术需求方话语权

在技术研发和交易过程中，需求方是甲方，其话语权应该更高。但是实际上并非如此，无论是在消费品生产还是技术研发环节，由于需求方的分散和弱小，消费品的生产、技术研发等都存在生产决定需求的情况，即供给侧生产什么，就决定了需求方的选择范围。在消费品和技术要素的互联网交易平台出现之后，这一情况正在逐渐转变。如消费品互联网交易平台将大量消费者（需求方）汇聚到交易平台上，消费者的话语权逐渐提升，生产环节开始出现按照消费者的订单进行按需定制。由于技术要素交易平台还处于起步发展阶段，因此技术要素交易平台提升技术需求方话语权的功能暂时尚未体现出来。按照逻辑推演，如果未来技术要素交易平台的发展水平达到当前消费品交易平台的水平，技术要素需求方（企业）的话语权将得到极大提高，以企业为主导的创新研发体系将会真正建立起来。

（三）促进科技创新要素之间的对接融合

技术要素交易平台通过自身大数据平台的优势，可以更精准地把握科技创新趋势、真实的技术需求等，在此基础上，技术要素交易平台从技术研发环节就可以介入，进而有效提升科技成果的后续转移转化率和产业化率。具体介入方式：一是技术要素交易平台通过汇聚技术要素需求方的真实意愿，可以对行业共性技术研发项目的设置等方面进行设计。二是在有效分析技术研发方和技术需求方（企业等）之间的特点之后，技术要素交易平台可以作为双方的经纪人，有效促进双方的创新资源匹配，在研发项目立项阶段就促成合作，或者组建新型研发机构等。三是在研发项目启动之后，基于研发项目未来广阔的市场应用前景，可以有效促进技术要素交易平台上的金融服务机构与研发机构进行对接，实现金融资源与科技创新资源的结合。

（四）促进完善技术要素价格形成机制

当前我国技术成果交易很大一部分仍然是场外交易，场内交易部分也大多存在协议定价的问题，因此技术要素交易的价格形成机制一直不是很理想。其中的主要原因，一是技术成果本质是一种信息，在技术成果交易过程中存在技术泄露等风险；二是我国知识产权保护相关的法律和保护力度不足，也使技术供需双方不愿意公开交易。在技术要素交易平台逐渐完善信息保密机制等背景下，技术要素交易平台作为公正、可信任的第三方，一方面可以充分了解企业等市场主体的技术需求，另一方面可以了解研发机构技术成果的相关信息。在此基础上，技术要素交易平台可以对拟交易的技术成果进行供需匹配，扩大技术成果的需求方搜寻范围，实现对技术成果的集中竞价，进而形成技术要素市场价格。

五、完善技术要素交易平台的政策建议

（一）打造全国性技术要素交易平台

整合地方上以行政区划为分割的技术要素交易平台，形成互联互通、数据共享、系统统一的技术要素交易平台。以区域性技术要素交易平台为基础打造几个有影响力、有竞争力的全国性技术要素交易平台。鼓励民营资本参与技术要素交易平台建设。参照公共资源交易平台的构建，建立连

接各个技术要素交易平台的全国统一的技术交易信息展示平台。

（二）健全技术要素交易平台保障机制

完善知识产权保护立法，加大知识产权执法力度和违法惩罚力度。强化技术要素交易平台信息保密设施、保密制度建设，加强人员保密培训，系统梳理交易平台业务流程，封堵信息泄密漏洞。健全技术成果认证、技术成果检验检测、技术交易合同登记管理、交易价款划拨等技术要素交易保障机制。

（三）促进技术要素交易平台衍生功能发挥

鼓励技术要素交易平台及平台聚集的中介服务机构通过数据共享、业务互认、认证互通、线上协同等方式持续提升技术要素交易的便捷性。支持技术要素交易平台当好企业等技术需求方的经纪人，充分发挥大数据平台功能，在企业的技术咨询、专利布局、技术研发立项、研发机构匹配等方面为企业等市场主体做好服务支撑。支持技术要素交易平台当好科研机构和科研人员的经纪人，充分发挥平台汇聚技术市场中介服务生态的优势，在技术成果认证、技术成果检验检测、技术合同签订和登记管理等方面，以及更高层面地促进金融资源与研发项目对接、促进技术需求方与研究机构开展项目合作或者创建新型研发机构等方面做好服务支撑。

（四）未雨绸缪做好对技术要素交易平台的监管

借鉴消费品互联网交易平台发展中遇到的问题，未雨绸缪做好对技术要素交易平台的监管。将交易平台（包括技术要素交易平台）作为一种有别于传统企业的新型市场主体，为"交易平台"量身打造新的市场准入、市场竞争、市场监管等规则体系。鉴于交易平台的"政企二重性"，在规范技术要素交易平台发展时，要建立技术要素交易平台公共服务许可清单，技术要素交易平台行使公共服务职能要以"不许可则不可为"作为基本原则；建立技术要素交易平台企业盈利行为负面清单，防止技术要素交易平台滥用垄断地位，防止资本无序扩张。强化技术要素交易平台对数据信息的保密监管和执法力度。对技术要素交易平台的数据进行分类监管，定性为国家技术交易记录账簿的数据要作为国家公共数据资源，作为国家创新驱动转型和交易平台行使公共服务职能的基础；同时要鼓励技术要素交易平台建立属于平台的私有数据，这部分数据受国家产权法律保护，属于平台资产。为促进技术要素交易平台间公平竞争，防止出现技术要素交易平台利用自身垄断地位强迫交易主体在入驻平台时"二选一"等现象，监管部门要对交易平台间的竞争进行强监管，将交易平台制定的市场准入、交易规则等章程纳入政府监管部门的公平竞争审查范围。

开发区平台

第十二章
加快推进开发区转型升级

设立开发区，是我国除创办经济特区外对外开放的又一创举。开发区的设立和推广使内陆也享受到了只有沿海才能享受的优惠政策。实践表明，开发区的建设发展，有效发挥了窗口、示范和辐射带动作用。不仅改善了国家经济面貌，提高了综合国力和国际地位，有效改善了人民生活，而且被视为一种"范式"，被广大发展中国家借鉴。但随着时代的发展，产业和人口的汇聚，开发区治理体制的"过渡性"逐渐凸显，单一经济功能的开发区治理体制已难以适应多元复合的功能需求。

一、时代变迁和内外部环境变化使开发区发展面临诸多挑战

（一）外部：全球经济衰退的冲击与全面深化改革的影响

一是全球经济衰退冲击。在全球经济衰退影响下，以出口导向为主的开发区首当其冲，海外投资下降、进出口贸易受阻使开发区发展陷入困境。二是经济体制改革深化稀释了开发区特惠待遇。开发区治理体制始于开放度低、市场化低的历史起点，通过在计划经济大环境下营造小范围的市场经济环境，并叠加中央财税优惠政策，开发区的政策优势明显，但随着中

国加入WTO和国内市场化改革深化，开发区原有的政策优势逐步被稀释。

（二）同业：开发区与母城的关系及开发区之间的竞合

一是开发区与母城之间的关系。开发区早期的选址一般都在郊外，与母城保持"孤岛"状态，但随着开发区和母城面积的扩大，彼此间的空间间隔逐步消失，区与城由过去的"泾渭分明"变为"短兵相接"，当前要如何协调开发区与母城的关系？二是开发区之间的竞合关系。开发区长期存在着数量过多、产业结构同质等问题，导致开发区之间非合作博弈。开发区之间低水平重复的恶性竞争难以凸显开发区"特色"，"院墙经济"孤岛效应"使开发区之间难以整合发展。

（三）内部：开发区产业转型升级和管理功能拓展需求

一是开发区内的产业关联性不高。为实现产业集聚，开发区建设早期通过各种优惠政策积聚企业，但由于忽视了产业结构之间的关联，开发区内企业间依存度普遍不高。二是开发区自主创新能力亟待提升。长期以来，开发区发展大多偏重企业和投资数量，忽视企业质量和创新能力，园区内很难形成"产学研"一体化的创新合作新机制。三是开发区管理功能需求升级。随着人口大量涌入，开发区已由传统的园区管理逐步过渡到统筹城乡发展、经济建设、社会管理、生态保护等多元功能的城市新区管理。

二、开发区转型升级需要破解不同层次的体制机制困境

作为改革开放的突破口和非均衡发展的战略起点，开发区在管理体制和组织架构设计上呈现出鲜明的"过渡性"特点。但随着时间的推移，当时代背景发生变化时，开发区治理体制的"过渡性"特征就会逐步凸显出来，这集中表现为开发区"过渡性"的治理体制在转型升级背景下难以满足新的治理需求。

（一）宏观：开发区面临法律地位缺失和权限分解的窘境

一是开发区管委会存在法律地位缺失。截至2024年6月，我国尚未出台一部《开发区法》来明确开发区管理机构的法律地位、权责清单等，导致我国的开发区治理缺乏一定的规范性和稳定性。开发区作为特殊"功能区"，不属于我国行政管理中的任何一级，不具备行政区的完整属性，但在现实中开发区管委会却承担着一级政府的职责，其合法性缺乏明确的法律解释。二是开发区管理权限逐步被分解稀释。一方面随着国家对"开发区热"的大力整顿，开发区部分管理审批权限上收，其自主管理权限大幅缩减。另一方面随着国家对工商、税务、海关等部门实行垂直管理，一些赋予开发区管委会的权限被各部门的纵向集中分解，开发区的管理权限被不断弱化。

（二）中观：开发区与行政区的对接摩擦及体制回归趋势

一是开发区与行政区之间出现对接摩擦。开发区管委会内部机构精简、运行高效，但当与上级管理部门或行政区对接时，会产生体制摩擦，尤其涉及具体问题时，行政区倾向于开发区与对口部门衔接，以承接相关职能业务。而且随着开发区扩张、人口增长、社会事务增加，开发区不再是一个单纯的经济功能区，但又与行政区重叠、交叉或跨行政边界，不可避免地导致与当地行政区及周边开发区产生摩擦。二是开发区呈现出向"大而全"的体制回归趋势。基于经济特区的成功经验，开发区最初是按照"小政府、大社会"的理念设计的，但随着大量人口和生产要素的涌入，开发区在单纯的经济功能之外，还面临着科教文卫等大量社会性公共服务需求，而且开发区体制与行政区体制实际上是一种行政"双轨制"，既相互平行又存在"体制摩擦"。在多重因素影响下，开发区治理体制呈现出向行政区回归的趋势。

（三）微观：开发区内部治理结构失衡及配套改革有待加强

一是开发区内部治理结构失衡。开发区作为改革创新的"试验田"，其高度自主性使其管理机构拥有很强的自由裁量权，但由于开发区内部治理结构失衡，如开发区内部不设立人大和政协机关，导致部分开发区沦为"发展高地、腐败洼地"。二是开发区管理机构的人事管理仍沿用传统体制。部分开发区管理机构的人事管理改革并没有与市场经济配套，仍旧采取传统的人事管理体制，选人用人缺乏择优竞聘、优胜劣汰的激励约束机制。三是开发区创新机制缺乏有效性。大部分开发区的创新主要依靠区内企业自发投入和"单兵作战"，开发区在发展过程中没有与当地的科研院所形成互动和有机"耦合"，难以形成"产学研"一体化优势。

三、促进开发区转型升级发展的对策建议

依靠超越一般制度安排而设计和推行的特殊制度安排，造就了开发区的超常规发展。但随着内外部环境和形势变化，开发区的特殊制度安排由于其自身的诸多缺陷，导致无法在新形势下充分发挥作用，需要进一步加大制度创新力度。

（一）明确身份：完善开发区法律体系

一是制定出台《开发区法》。从法律上明确开发区管理体制、管理职能和运行机制，明确开发区管理机构与中央各部委和地方各级政府的关系及具体运作中的协调程序，保障开发区组织管理的有效性、权威性及开发区发展的稳定性和连续性。二是处理好改革"破"与法治"立"的关系。考虑到开发区作为我国公共管理创新的重要载体，是改革"试验田"，在立法中要体现"例外"原则，确保开发区具有"制度实验空间"，破解开发区"惰于创新""畏于实验"的桎梏。

（二）找准定位：三个转变重新定位开发区

一是转变功能定位。开发区自身产业和要素的集聚与发展，客观上需要具备多种功能配套和支撑，要求开发区要从单一的经济功能区向多功能

综合型开发区转变。二是转变发展定位。开发区的优惠政策空间已然不大，提高开发区竞争优势要依靠制度建设和机制创新，要求开发区从政策优惠型向环境优良型转变。三是转变目标定位。我们正处于社会主义市场经济制度完善时期，对发展质量提出了更高标准，开发区要从数量增长型向质量提高型转变。

（三）良性竞争：科学规划合理布局

开发区之间的竞争有利于促进政府转变职能和制度创新，但过度竞争会导致公共资源浪费和资源配置扭曲。因此，在国家层面，要建立跨部门的统一的协调领导小组，统筹规划各类开发区的空间布局、功能定位、产业协同等，避免不同类别开发区之间的功能定位交叉重叠、同类开发区之间过度竞争和产业同构。在区域层面，要建立跨行政区的联席会议机制，定期沟通协调区域内开发区之间的发展改革问题，提升区域内开发区之间的产业协同互动、减少开发区与行政区的摩擦等。

（四）考核退出：完善开发区考核体制和晋升退出机制

探索建立开发区动态管理机制。一是建立健全分类统一的开发区考核评估指标体系和标准，将规划实施、创新能力、知识产权保护、品牌建设等质量效益指标纳入考核。二是建立开发区退出机制，不搞"终身制"和"身份制"，对考核不达标的开发区要予以警告提示并设置整改提升期限，限期整改提升仍不达标的开发区，要及时"摘帽"出局。三是建立省级开发区晋级机制，开发区考核评估指标体系和标准适用于申请升级的省级开发区。

城市平台

第十三章
以县城为平台载体促进城乡融合发展

以促进人的城镇化为核心、以高质量发展为导向的新型城镇化战略，是习近平新时代中国特色社会主义发展的重要实践，是建设现代化国家的关键举措，也是实施乡村振兴战略和区域协调发展战略的有力支撑。推进特色小城镇建设、发展县域经济、增强小城镇对乡村的带动能力，是落实国家新型城镇化战略，提升小城镇活力的重要途径，是改善乡镇人居环境品质、缩小城乡公共服务差距的重要抓手。

一、促进县域经济发展的重要性

县域经济是新型城镇化战略布局的重要一环，小城镇是连接大中城市和乡村的重要枢纽。促进小城镇发展和镇域经济繁荣是实现城乡融合发展，让广大农村居民共享发展成果的关键点。

（一）县域经济是我国区域经济发展战略布局的重要一环

党的十八大以来，党中央、国务院对新型城镇化和乡村振兴进行了多重战略部署，从构建都市圈、城市群到经济带和大湾区，从国家中心城市到大中小城市协同发展，从特色小城镇、特色小镇到乡村振兴、城乡融合发展。从区域发展的角度看，从都市圈顶层到乡村，都已经进行了战略布局，其中特色小城镇涉及县域经济，是我国区域经济发展的重要组成部分。

（二）县城是连接中小城市和乡村的纽带

城乡二元结构决定了我国县域经济的特殊重要性，县城是连接大中城市和乡村的重要枢纽。一方面县城是大中城市向乡村的延伸，是大中城市的腹地；另一方面县城又是农村迈向城市的必由之路，农村则是县城更广阔的腹地。县域经济搞活了，市域经济才会有支撑；县域经济搞活了，乡村经济就会跟着发展，城和乡之间才会有一个强有力的纽带，以城带乡才会落到实处。

（三）县域小城镇是农村居民共享发展成果的重要节点

就基础设施和基本公共服务来说，县域小城镇作为农村居民向市民迈进的天然聚集点，是广大农村居民享受高质量基本公共服务最便捷和最可行的渠道。一方面，由于习俗、文化相近，县域小城镇周边的农村居民可以便捷地接驳到小城镇的基本公共服务中；另一方面，县域小城镇是很多不愿或不能向大中城市转移的农村居民享受到高质量基本公共服务的最可行的途径，由于小城镇人口聚集，初具规模效应，可以有效降低基础设施建设和基本公共服务覆盖的成本，进而更有可能让广大农村居民享受到更好的基础设施以及更多的基本公共服务。

（四）搞活县域经济是发挥以城带乡重要作用的着力点

就县域经济对农村发展的带动作用来说，位于县域小城镇的各类市场主体由于可以与周边乡村的市场主体，如农村经济合作社、农户等直接产生联系，一方面可以吸纳农民就业或采购农村市场主体生产出的农副产品和手工制品；另一方面农村也为县域小城镇提供了重要的消费市场。县域小城镇市场主体与周边乡村的市场主体互相嵌入越多，则县域经济对乡村的带动作用就越大，县域经济的发展就会直接提高农村居民的收入。

二、当前县域经济发展存在的问题

（一）县域小城镇发展不均衡

我国的县域小城镇发展不均衡。由于县域小城镇连接城市与乡村的重要枢纽作用还没有得到广泛的重视、县域小城镇的财力限制、自主权有限等多重因素影响，使得市区以及县城驻地以外的很多建制镇都处于自然发展状态。以市为单位进行研究可以发现，人口、资金等要素多向市中心和县政府驻地汇聚，其他建制镇"失血"严重，由此导致县域小城镇对乡村的带动作用明显不足。而市区和县政府驻地对于偏远乡村来说，辐射能力不足，其提供的基本公共服务和良好的基础设施无法满足广大农村居民的需求，对于偏远乡村的居民来说，要想享受到市区或者县城的优质医疗、教育等资源，存在成本高、难度大等问题。

（二）县域小城镇的发展路径不清

对县域小城镇的发展，尤其是市区和县城驻地以外的建制镇发展，存在发展路径不清的问题。通过对文献的分析发现，对县域小城镇发展的建议很多是不切实际的，如大力发展二三产业，吸引创新人才等，这些建议简单地将大中城市的发展路径移植到县域小城镇发展上是行不通的。县域小城镇相对大中城市来说，天然就存在规模效应不足、基础设施和基本公共服务无法与大中城市相比等问题，如果这些县域小城镇没有地缘优势，那么这些县域小城镇也就天然存在对创新人才等生产要素的吸引力不足等问题。

因此，对于县域小城镇的发展，一定要建立在清楚认识到小城镇功能定位和比较优势的基础上。一是作为城市向乡村的延伸，县域小城镇的产业链也应该是大中城市产业的延伸；二是作为直接接驳乡村的城市末梢，县域小城镇具有大中城市不具备的地方特色，兼具城市和乡村的韵味。因此县域小城镇的发展一方面应该是大中城市产业的配套，另一方面应该立足当地特色，充分利用当地特色资源，与乡村发展紧密嵌套。

三、地方政府促进县域小城镇经济发展的思路

地方政府促进县域小城镇经济发展，可以从以下三个方面着手。一是对辖区内的小城镇（建制镇）摸清家底，进行分级分类，进而构建科学合理的小城镇体系；二是要从因镇施策、避免同质化竞争、考核制度等方面入手强化镇域经济的引擎作用；三是要从打造特色小镇品牌、打造地理标志产品品牌、打造一批"叫得响、拿得出手"的品牌领军企业等方面入手打造镇域经济名片。

（一）构建科学合理的县域小城镇体系

在乡村振兴的背景下促进县域经济发展，首先要对不同规模和不同产业特色的县域建制镇进行分类，然后因镇施策，在明确发展方向和重点的同时兼顾区域协调发展。

1. 按照常住人口规模和地区生产总值确定县域小城镇等级

地方政府（以地级市为单位，下同）可以按照县域行政建制镇的常住人口规模和地区生产总值，对辖区内各县域建制镇进行等级划分。据测算，只有当小城镇总人口在5万人以上、镇区人口达到两三万人时，聚集效应和规模效应才会产生。因此，可以将常住人口规模在5万人以上，且地区生产总值在10亿元以上的建制镇确定为中心镇，将常住人口规模在2万人至5万人之间，或者地区生产总值在5亿元至10亿元的建制镇确定为潜力镇，将常住人口规模在2万人以下，且地区生产总值在5亿元以下的乡镇确定为一般乡镇。上述划分标准可以根据当地的经济发展现状进行调整，如东部经济发达地区可以调高不同等级小城镇的指标值，而西部欠发达地区则可以根据实际情况调低相应的指标值。

2. 按照产业特色确定县域小城镇发展方向

按照县域建制镇的产业特色（或产业结构）对地级市所属的县域各镇进行划分，进而确定各镇的功能和未来发展方向。将产业特色不明显的中心镇和潜力镇确定为综合型小城镇，将以特色农林牧渔业为主导的小城镇确定为农贸型小城镇，将以农产品加工业、制造业等工业为主导的小城镇确定为工贸型小城镇，将以商贸、物流等为主导的小城镇确定为商贸型小城镇，将以旅游业为主导的小城镇确定为旅游型小城镇。

3. 构建科学合理的县域小城镇体系

将地方政府辖区内的县域建制镇按规模进行划分和按产业特色进行划分之后，将两种划分结果综合起来，进而构建出"三级五类"的县域小城镇体系，最终形成以市区为龙头，以各区县的中心镇为区域中心，以潜力镇为重要培育对象，以一般乡镇为支撑的"四级"小城镇体系。

（二）强化县域小城镇的引擎作用

促进乡村振兴的核心思路是以城带乡，通过区域联动和城乡融合加快转变城乡二元结构，实现共享发展。县域的建制镇作为城镇化的末梢，是促进农民就地市民化的关键，在乡村振兴中具有不可忽视的重要作用。因此，在乡村振兴背景下，要进一步强化县域小城镇的引擎作用。

1. 根据县域小城镇等级因镇施策促发展

根据县域小城镇体系划分结果因镇施策，对不同等级的小城镇制定差别化的政策促进镇域经济发展。

对于各中心镇，一是要把加快体制机制改革作为促进各中心镇发展的强大动力，以提高行政效率为核心，不断深化简政强镇改革，促进中心镇营商环境优化；二是加快中心镇的产业转型升级，提升知识密集型和技术密集型产业的比重；三是鼓励中心镇与边界相邻的各乡镇组团发展。对于各潜力镇，一是加大当地金融机构支持潜力镇产业发展的力度，为潜力镇的产业发展提供资金支持；二是鼓励中心镇的规模以上企业在潜力镇设置分支机构，或鼓励中心镇的企业以潜力镇和一般乡镇的初加工产品为生产原料；三是鼓励潜力镇培育当地的小微民营企业、农村合作社、专业合作社等市场主体。对于一般乡镇，一是要加强当地的交通、水、电等基础设施建设，提升当地的医疗、教育等公共服务水平；二是大力吸引人口集中，促进外来人口市民化，尤其是通过制定回乡务工人员自主创业优惠政策，吸引外出务工人口回流，鼓励返乡人员创业；三是对于符合条件改制为镇的乡，要努力争取乡改镇，将其纳入小城镇管理范畴。

2. 突出县域小城镇特色避免同质化竞争

根据县域各小城镇的产业特色实行差异化错位发展策略，突出特色的同时避免同质化竞争。

对于农贸型小城镇，一是要根据当地的优势农产品，鼓励连片种植或规模化养殖，相邻的农贸型小城镇可以组团发展，合力打造特色农产品；二是在农产品种植季节、区位分布等方面与周围的旅游型小城镇综合考虑，注重发挥农业的景观性和生态价值，兼顾农业产业化和景观农业发展。对于工贸型小城镇，一是对以农产品加工为主的小城镇要强化产品的地域特色，同时加强市场推广；二是对以制造业等为主的小城镇要注重紧跟市场需求，加强新技术运用。对于商贸型小城镇，一是要注重当地的交通、物流等基础设施建设；二是要注重培育电子商务等新业态。对于旅游型小城镇，一是要保护好当地的生态环境；二是要深入挖掘当地的乡土文化和历史底蕴；三是要建设好相应的旅游配套设施；四是要鼓励相邻的旅游小城镇组团发展，在基础设施建设上实行整体规划建设，在景点和娱乐项目设计上强调差别化。

3. 动态管理和差别化考核强化激励机制

对县域小城镇体系进行动态管理和激励。地方政府要对本市所属县域的小城镇等级划分结果和特色小城镇划分结果进行动态管理，以五年为一个管理期，根据各镇发展情况对本市县域的小城镇体系进行调整，并在全市公布调整结果。对于排名前两位的中心镇以及提升等级的潜力镇和一般乡镇，要从各方面给予奖励，包括优先提拔这些乡镇的领导和公务人员，在财政上加大财政资金支持力度，在项目用地上给予适当倾斜或优先考虑等；对于排名最后的中心镇、降级的潜力镇以及排名靠后的一般乡镇，要给予惩罚，如不得提拔这些乡镇的领导和公务人员等措施。

对不同等级不同特色的小城镇进行差别化考核。对于不同等级不同特色的小城镇进行年度考核，其考核点要各有侧重。中心镇侧重考核营商环境优化、产业转型升级及对相邻乡镇的辐射带动作用等；潜力镇侧重考核人口和特色产业聚集、经济增长等；一般乡镇侧重考核基础设施建设、生态环境改善、人口集聚和返乡创业人员增长等。各特色小城镇则根据其产业特色设置考核指标，侧重考核其优势产业的聚集程度、增长速度和经济效益、优势产业的转型升级等。考核结果纳入各乡镇领导和公务人员的政绩，并提升该考核结果在政绩中的重要性，作为重用提拔的重要参考或决定性指标之一。

（三）打造县域经济名片

乡村振兴的关键是吸引城市要素下乡，促进城乡融合发展。因此，在乡村振兴背景下发展县域经济，一方面要加强与中心城市联动，吸引中心城市的资本、技术等优势生产要素流入，另一方面要注重与周围乡村的互动，提升县域经济对乡村的带动作用。要想达到这些目标，就需要着力打造县域经济名片，提升县域经济对各种生产要素的吸引力。

1. 打造特色小镇品牌

创建一批"小而精"的特色小镇。借鉴浙江省特色小镇创建经验，用特色小镇建设理念创建一批"小而精"的特色小镇，使其成为提升改造发展传统产业、促进产业转型升级的新载体，成为培育新产业催生新业态的孵化器，将其打造为县域经济的新名片。特色小镇的选址可以在全市范围内的中心镇和潜力镇名单内，根据小城镇的特色产业匹配度进行选择。

加强特色小镇管理。一是引入创建制和淘汰制。在特色小镇的规划建设中引入创建制和淘汰制，对特色小（城）镇的创建名单和培育名单采取动态管理。对如期完成各项建设目标,达到特色小镇标准要求的进行验收,对在规定年限内没有完成建设进度、不符合特色小镇建设标准的,要进行降格或剔除处理。二是建立年度考核制度。对于纳入创建名单的特色小镇,建立年度考核制度,考核合格的给予扶持政策,考核不合格的要制定相应的惩罚措施。如在土地要素保障方面,特色小镇建设用地纳入城镇建设用地扩展边界内;财政支持方面,特色小镇在创建期间及验收后,其规划空间范围内的新增财政收入可以增加本地财政留存比例。

2. 打造地理标志产品品牌

根据当地特色产业发展情况,打造一批农副产品地理标志产品品牌。对于一些典型的农业大市,要促进县域经济发展,就可以根据当地的优势农作物和特色农副产品,打造一批像"寿光蔬菜""信阳毛尖""阳澄湖大闸蟹"等这样的农副产品地理标志产品品牌。

打造当地的生态名片和文化名片。对于旅游资源丰富的大市,可以通过发掘当地的生态资源和历史文化资源,充分发挥旅游产业的集成作用和带动作用。如"湘西凤凰古城""福建客家土楼"等。

3. 打造一批"叫得响、拿得出手"的品牌领军企业

在打造当地地理标志产品品牌的同时,要注重集中优势力量打造一批"叫得响、拿得出手"的品牌领军企业,加强对这些领军企业的知名度传播和美誉度塑造。以领军企业为龙头,以当地的民营企业、农村经济合作社等市场主体为支撑,促进整个县域经济发展,进而以城带乡,促进城乡融合发展。

第十四章
以城市群为平台载体促进区域产业协调发展

城市群作为区域经济增长极的高级形式，其作用机理是通过聚集效应和扩散效应将城市群内的大中小城市和小城镇紧密联系起来，形成分工合理、相互协调、相互促进的有机统一整体。聚集效应和扩散效应是各种市场主体、要素资源在空间的聚集，然后通过市场主体的市场行为突破行政区划分割。聚集效应和扩散效应的前提是聚集在不同城市的市场主体间有业务往来，这涉及城市间的产业分工和合作。另外，聚集效应和扩散效应表现为穿梭于城市间的各种"流"，资金流、人流、物流、信息流等，其条件除城市间产业分工外，还包括连接各城市并承载各种"流"的"管道"的完善程度，如城市群内各城市间的制度衔接、交通等基础设施建设等。

一、城市群产业协调发展分析框架构建

（一）城市群产业协调发展需要合理的水平分工和垂直分工

城市群内各城市间的产业分工是城市群产业协调发展的前提，包括水平分工和垂直分工。水平分工指城市主导产业差异化发展，避免产业同构和过度竞争；垂直分工指城市间的产业相互联系，形成上中下游相通的产业链。城市群内各城市在产业分工时要根据自身城市等级、发展阶段等条件综合考虑，并逐步推进城市产业结构演变。

一个城市群一般会有一两个核心城市，若干区域中心城市、节点城市，以及中小城市和小城镇，各类型城市构成一个完整的城市体系。该体系内各城市等级不一样，功能不一样，等级越高的城市聚集先进生产要素的能力越强，带动周边城市共同发展的辐射能力也越强，中小城市则是核心城市的坚实支撑，为核心城市和区域中心城市做产业配套和广阔市场腹地。因此，城市群内等级越高的城市，其功能定位和产业分工应该是产业链高端，其他城市根据自身资源禀赋和产业基础，按产业链上中下游的链条结构选择和发展主导产业。同等级城市之间的产业应尽量错位，避免重复建设和同质化恶性竞争。

（二）城市群产业协调发展的三个层面五个维度

促进城市群产业协调发展，需从产业协调发展的目标层、支撑层、行动层三个层面构建分析框架，这涉及对产业视角的升维和降维。

产业视角升维，从空间维度看，可以升维为产业集群，根据产业集群内各产业间关系可以判断产业集群的有机联系程度，如以某一龙头企业为核心，在龙头企业周围聚集起众多中小企业做配套支撑，形成上中下游互联互通的产业链，则该产业集群的有机联系程度可以判定为紧密，内部协调性非常高；反之则比较松散，协调性亦不高。进一步将产业集群范围从一个城市扩展到城市群，则可以分析城市群产业分工及有机联系程度。产业视角升维，从时间维度看，可以升维为产业演进，即城市的产业选择会随时间逐渐演变，产业结构相应发生变化，如从一产为主向二产为主演进，进一步从二产为主向三产为主演进，产业链从低端向高端演进。

产业视角降维，从市场主体看，产业是由一个一个的市场主体——企业组成的，因此产业向下降维，其视角可以降到市场主体维度，对产业的分析可以从更低维度的市场主体维度进行分析。从企业维度进一步下沉，则可以深入到生产要素维度，企业实体实际上是各种生产要素的有机组合，企业通过优化配置各种生产要素进行生产经营。

城市群内各城市由于考核等原因，城市间发展产业的关系更多是竞争关系。为使城市群内各城市的产业发展关系从竞争为主转向合作为主，其关键是"合则两利，斗则俱伤"。因此，要促进城市群产业协调发展，就需要在产业维度设计出合理的收益分配和成本分担方案。

以上五个维度，以产业维度为中心，向上升维依次为产业集群维度和产业演进维度；向下降维依次为市场主体（企业）维度和生产要素维度。以此构建城市群产业协调分析的目标层、支撑层、行动层：一是将产业演进维度、产业集群维度视为城市群产业协调发展的目标层，这是城市群产业协调发展的目标，即产业链向高端演进、产业集群有竞争力。二是将产业维度的利益关系（包括收益分配和成本分担）视为城市群产业协调发展的支撑层，这是促进城市群内各城市通力合作的关键支撑，否则城市间的竞合关系更多的是竞争大于合作。三是将市场主体（企业）维度、生产要素维度视为城市群产业协调发展的行动层，即为了突破城市间的行政壁垒，具体行动方案需要在企业维度和生产要素维度进行谋划（见图5）。

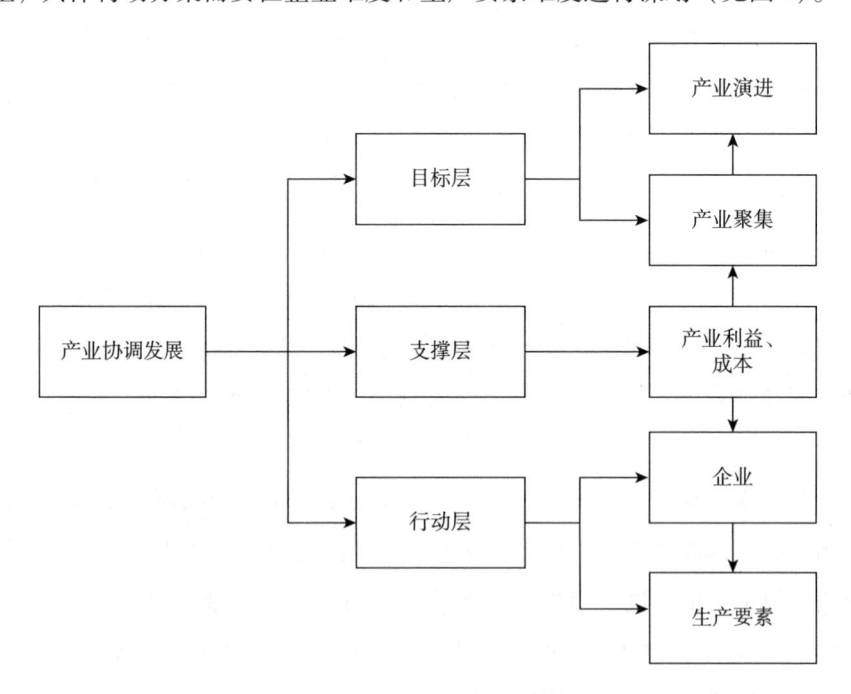

图5 城市群产业协调发展的三个层面五个维度

(三) 城市群产业协调发展需要市场的力量突破行政边界，需要政府的力量破除行政壁垒

党的十八届三中全会明确提出要使市场在资源配置中起决定性作用和更好地发挥政府作用。城市群产业协调发展的产业治理需要从市场和政府两个角度进行分析。实践证明，市场是优化配置资源要素的有效方式。城市群内的产业协作，一方面需要通过市场的力量来突破行政边界，将不同行政区划内的企业、要素等联系起来整合成产业链。另一方面由于城市间的竞合关系，城市之间存在各种行政壁垒，这就需要政府的力量来破除行政壁垒，弥补市场失灵。

将政府与市场两个角度与城市群产业协调发展的三个层面五个维度结合，就构建出了城市群产业协调发展的分析框架。

二、影响城市群产业协调发展的体制机制障碍分析

根据构建出的城市群产业协调发展分析框架，可以系统地、多维度地研究影响城市群产业协调发展的体制机制障碍。

(一) 目标层影响城市群产业协调发展的问题

目标层包括产业演进和产业聚集两个维度，这两个维度存在的影响城市群产业协调发展的问题：一是地方政府对城市自身发展定位、发展阶段、产业基础等认识不清，在规划编制、招商引资时容易违背产业演进规律，犯下急功近利、好高骛远等错误。如核心城市不在创新驱动、产业转型升级上下功夫，反而和区域中心城市、节点城市抢产业；如处于生态功能区的城市不在"绿水青山就是金山银山"上下功夫，反而谋划着发展制造业等项目；又如城市群内的节点城市、中小城市等不在产业配套、做精做强上下功夫，却谋划着要发展战略性新兴产业等。二是地方政府在招商引资时，缺乏针对性，能招到什么项目就落地什么项目，结果费劲聚集起

来的产业之间关联性不强,或与周边城市的产业关联性不强,导致城市自身的产业链条短、产业联动成本高,产业聚集没有体现出聚集效应内含的协调效应。

(二) 支撑层影响城市群产业协调发展的问题

从支撑层分析,主要看城市群内各城市之间的收益分配和成本分担机制。结合实际来看,支撑层存在的问题比较多,进而影响到了城市的行动层,导致城市间存在很多行政壁垒。

由于地方政府都有 GDP 及增速的发展目标,而且需要财政收入支撑当地的基础设施建设、公共服务配套等,因此地方政府一般会优先考虑当地的产业发展,除非能从城市组团发展中获取更多收益。我国财政收入转移支付的主要形式是中央对地方的间接转移支付,地方政府之间的直接转移支付比较少,如跨域治理生态补偿等机制不完善,产业转移承接相关的收益分配机制不明确。因此,虽然很多地方政府都很清楚城市群组团发展的效果肯定是 1 + 1 > 2,但是由于对"'蛋糕'做大之后我能分到多少? 发生的成本如何分担?"等关键问题的顾虑,导致很多地方政府在实践中往往表现为竞争大于合作。

(三) 行动层影响城市群产业协调发展的问题

从行动层分析,即从企业维度和生产要素维度进行分析。企业维度影响城市群产业协调发展的问题有以下几点:一是地方保护主义,地方政府为了发展本地经济和产业,在市场准入等方面设置各种制度障碍和隐性壁垒,排除或限制外地企业进入本地市场进行公平竞争。二是城市营商环境,地方政府在商事制度改革、产权保护、公平竞争等方面改革不彻底、不到位,影响项目落地、影响民营企业活力和创新力。三是企业迁移限制,有地方政府限制本地企业自由迁移,导致城市间产业的转移承接不顺畅。此外,地方政府在产业发展相关的基础设施建设(交通、物流、仓储等)、公共服务配套等方面存在短板也是影响市场主体聚集和扩散的重要因素，如可以有效降低企业成本的各类共享平台建设。

生产要素维度影响城市群产业协调发展的问题有以下几点：一是与生产要素自由流动相关的制度对接不畅，如与人才和劳动力自由流动相关的户籍管理、职称评定和互认、社保医保关系的转移接续等制度，与数据要素相关的共享机制不完善等。二是与要素交易或者企业获取要素相关的制度性障碍较多，如与要素交易相关的规则可操作性有待提高，数据要素市场的交易规则更是还处于探索阶段；如民营企业存在融资难融资贵的问题，在获取银行贷款方面的难度要高于国有企业；又如与要素交易相关的交易平台建设滞后，与要素交易相关的中介服务机构培育不足等。

三、促进城市群产业协调发展的总体思路、路径和重点领域

促进城市群产业协调发展，其前提是城市群内各城市之间的分工，而其关键则是能充分调动城市群内各城市积极性的合理的收益分配和成本分担机制。

（一）总体思路：构建四种城市共同体

为充分激发城市群内各城市齐心协力共谋产业发展的积极性，需要多种方式构建多元化的城市共同体，可以概括为：城市业务共同体、城市责任共同体、城市利益共同体、城市命运共同体（见图6）。

城市业务共同体：城市间的产业合作，从市场运行角度看，一般源于市场主体之间的自发业务往来，位于不同行政区划的企业因为业务往来建立起了良好的合作关系，甚至是联盟。当两个城市之间这种由市场主体自发构建的业务关系由少到多、由松散到紧密时，城市之间的业务共同体就逐渐形成。因此，这是一种自下而上的、市场化的合作模式。在促进城市群产业协调发展过程中，政府应该鼓励这种市场化的合作模式，在政策制定上为市场主体之间的合作提供充分便利，通过基础设施建设、公共服务

对接等措施，消除城市间存在的各种体制机制障碍，进而构建出市场化选择的城市业务共同体。

```
┌─────────────────┐
│  城市责任共同体  │
│   （自上而下）   │
└────────┬────────┘
         │
         ▼
┌─────────────────┐      ┌─────────────────┐
│  城市利益共同体  │─────▶│  城市命运共同体  │
│   （上下结合）   │      │                 │
└────────▲────────┘      └─────────────────┘
         │
┌─────────────────┐
│  城市业务共同体  │
│   （自下而上）   │
└─────────────────┘
```

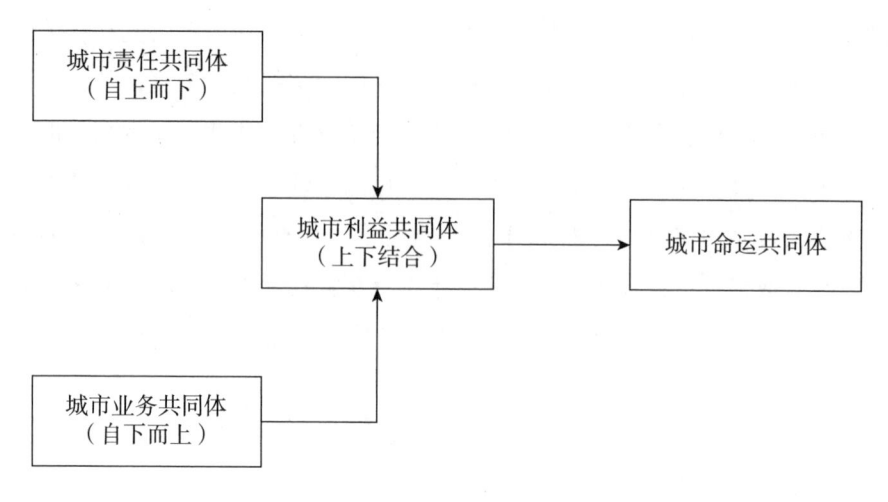

图6　构建多元化城市共同体

城市责任共同体：城市间的产业合作，除充分发挥市场配置资源的作用外，离不开政府作用的更好发挥。有效发挥政府作用可以促进城市产业演进，加快产业转型升级和结构优化。因此，地方政府之间，或者地方政府在上级政府指导下，可以在城市群发展规划编制、区域经济和社会发展的责任界定等方面进行对接，建立起城市责任共同体，以对党负责、让人民满意的使命感和责任感，摒弃过去城市竞赛的思维，共同谋划区域经济和区域产业发展，破除行政区划导致的行政壁垒。由此可见，城市责任共同体是一种自上而下的、政府引导的合作模式。具体到城市群产业协调发展上，城市群内的核心城市、区域中心城市这些等级高的城市，应该在城市群协调发展上承担相对更多的责任，担负起以强带弱的责任，"一花独放不是春，百花齐放春满园"，只有城市群内大中小城市都各就其位、协调发展，城市群的竞争力才会提升，核心城市和区域中心城市的底部支撑才会更加坚实。

城市利益共同体：城市群产业协调发展既可以通过市场化的方式构建自下而上的城市业务共同体，也可以通过政府引导的方式构建自上而下的城市责任共同体，而将两种方式结合起来，以城市群协同发展的"收益共享、成本共担"为纽带，可以构建起更高阶的城市利益共同体。城市利益共同体结合了市场配置资源的优势和政府引导弥补市场失灵的优势，是一种紧密的共同体，有助于城市群的协同发展。在具体合作模式上的体现有正在探索的共建共享产业园区、城市飞地经济等模式。

城市命运共同体：城市利益共同体继续升级，则是城市命运共同体，将联系各城市之间的利益纽带继续升级为荣辱与共的城市群发展前景、全球影响力和竞争力，促进城市群内各城市间的资源共享，产业链、资金链、创新链深度融合。

（二）实施路径：着力谋划"五个激活"

促进城市群产业协调发展，要以构建城市共同体为目标，以城市群产业的三个层面五个维度为着力点，谋划"五个激活"：激活要素、激活主体、激活市场、激活政府、激活政策，使城市群产业发展遵循社会主义市场经济规律，逐渐从"无序竞争"走向"有序合作"。

激活要素：生产要素是产业发展的基础维度，如果根基不稳，产业发展难言健康和协调。要想激活要素，就需要在要素自由流动、要素交易规则、要素交易平台建设等方面下功夫。

激活主体：市场主体——企业是组织各类生产要素进行生产经营的主力军，同时也是突破行政区划"块块"形成产业链"条条"的直接行动者。企业的活力和创新力直接关系到城市群产业发展的活力和创新力。要想激活市场主体，就需要从产权保护（尤其是知识产权保护）、营商环境等方面下功夫。

激活市场：市场是各类市场主体展开竞争的舞台，也是各类生产要素实现优化配置的场所，更是消费者与生产经营者直面接触的所在。激活市场直接关系到城市群产业发展涉及的市场主体、生产要素等维度的高效运转。市场的有效运行需要充分发挥竞争机制、价格机制、供求机制等市场机制的作用。因此，谋划"激活市场"就需要从统一市场、市场开放、公平竞争、有序竞争等方面下功夫。

激活政府：激活政府一是促使城市群内各城市之间不要各自为政、恶性竞争；二是促使政府的"有形之手"能更好发挥作用。因此，一方面要着力完善城市群内各城市认可的"收益共享、成本共担"的利益机制，给地方政府以正面激励；另一方面要着力构建将城市群整体竞争力提升纳入政府绩效考核指标体系的考核制度，给"有形之手"装备好"指挥棒"。

激活政策：激活政策是为了使各类政策切实有效地发挥作用，让"有形之手"打好手中的每一张"牌"。为了促进产业发展和区域发展，制定出台了很多政策，包括产业政策、区域政策（区域发展规划）、就业政策等，但是很多政策落实困难，或者很难达到预期效果，甚至存在非预期性的"副作用"，其原因可能是政策制定时考虑不周、政策不接地气、或者政策保障措施缺乏强有力的约束等。因此，要激活政策就需要在制定政策时，充分调研，广泛征求吸纳社会公众意见，将顶层设计与行动落实结合起来。

（三）重点领域：加强三大重点领域建设

促进城市群产业协调发展，要加强三大重点领域建设：一是打造市场化、法治化、国际化、便利化的营商环境；二是建设统一开放、竞争有序的高标准市场体系；三是构建现代化市场监管机制。这三大重点领域对促进城市群产业协调发展来说是内在统一、相互促进的，营商环境优化以行政区划为边界，有利于激发城市群内各城市比学赶超的积极性，有利于各城市自身的产业发展、项目落地；高标准市场体系则是着力打通城市群内各城市之间的行政壁垒，以"一体化"和"高质量"为着眼点，有利于城市群内的市场主体突破行政区划边界进行跨界合作；现代化市场监管机制则是更好发挥政府作用，维护市场秩序的有力手段。

参考文献

[1] 艾琳,王刚. 公共资源交易制度的改革路径探索[J]. 学习与实践,2021(09):84-90.

[2] 边慧青. 开发区管委会的法律地位研究[D]. 吉林大学,2022.

[3] 卞靖. 破除城乡二元土地制度促进城乡土地要素平等交换[J]. 当代经济管理,2017,39(05):1-6.

[4] 蔡昉. 中国改革成功经验的逻辑[J]. 中国社会科学,2018(01):29-44.

[5] 陈爱飞. 英国《消费者权益法》(2015年)评析[N]. 人民法院报,2015-07-31(008).

[6] 陈伟伟,张琦. 系统优化我国区域营商环境的逻辑框架和思路[J]. 改革,2019(05):70-79.

[7] 陈伟伟. 优化消费环境提升我国经济增长内生动力[J]. 中国经贸导刊,2020(11):30-33.

[8] 戴华. 我国开发区制度创新研究[D]. 电子科技大学,2007.

[9] 董纪昌,侯洁琼,张奇. 经济技术开发区对产业结构调整的影响[J]. 管理评论,2021,33(09):16-24.

[10] 费之茵,尹寿垚. "互联网+"公共资源交易下的监管模式初探[J]. 中国招标,2021(10):87-88.

[11] 逄锦聚,洪银兴,林岗,刘伟. 政治经济学[M]. 北京:高等教育出版社,2004:16-19.

[12] 高鸿业. 西方经济学(宏观)[M]. 北京:中国人民大学出版社,2001:417-418.

[13] 高鸿业. 西方经济学(微观)[M]. 北京:中国人民大学出版社,2001:5.

[14] 高中华,杜宇. 试论构建中国特色权力、资本、劳动新型关系 [J]. 中国矿业大学学报(社会科学版), 2016 (06): 33-38.

[15] 郭克莎. 中国制造业发展与世界制造业中心问题研究 [J]. 开放导报, 2006 (02): 29-32.

[16] 郭智元. 地方政府竞争与我国土地要素市场的发展 [D]. 暨南大学, 2007.

[17] 郝丽娟,宁波,李想. 美国保护消费者权益的做法 [J]. 认证技术, 2013 (07): 66-68.

[18] 郝晔,王国海. 技术引进中企业利益相关方的博弈分析 [J]. 财经理论与实践, 2008 (05): 98-101.

[19] 何喜军. 新发展格局下推动我国在线技术交易平台高质量发展 [J]. 科技智囊, 2021 (02): 29-31.

[20] 何宪. 中国人才资源市场化配置转型研究 [J]. 中国井冈山干部学院学报, 2020, 13 (01): 26-34.

[21] 黄子倩. 发达国家消费者权益保护的法律经验——以美国、日本、德国为例 [J]. 法制博览, 2016 (26): 197.

[22] 贾衍邦. 联产承包分配中有农民个人投资的补偿部分 [J]. 中国社会科学, 1983 (03): 25-26.

[23] 江飞涛,耿强,吕大国. 地区竞争、体制扭曲与产能过剩的形成机理 [J]. 中国工业经济, 2012 (06): 44-56.

[24] 江顺龙. 大数据在公共资源交易领域的应用路径分析 [J]. 中国招标, 2021 (05): 37-41.

[25] 姜兴. 完善政府人才流动宏观调控机制 [N]. 中国社会科学报, 2020-07-15 (006).

[26] 金茜. 互联网交易产品质量现状及消费者维权研究策略 [J]. 法制博览, 2021 (19): 163-164.

[27] 金汝斌,张荣飞. 浙江要素市场分析与研究 [J]. 统计研究, 2007 (10): 78-85.

[28] 兰玉梅. 浅析中美惩罚性赔偿制度 [J]. 法制与社会, 2008 (16): 87+111.

[29] 李翀. 论供给侧改革的理论依据和政策选择 [J]. 经济社会体制比较, 2016 (01): 9-18.

[30] 李东光,郭凤城. 产业集群与城市群协调发展对区域经济的影响[J]. 经济纵横,2011(08):40-43.

[31] 李妃养,黄何,曾乐民. 全球视角的技术交易平台建设经验及启示建议[J]. 中国科技论坛,2018(01):24-29.

[32] 李贵东. 土地要素市场建设的路径探析——以上海市为例[J]. 中国土地,2019(05):23-25.

[33] 李俊旺. 构建规则统一、公开透明、服务高效、监督规范的平台体系[J]. 中国招标,2021(10):34.

[34] 李利敏. 美国消费者集团诉讼若干问题研究[J]. 经济视角(中旬),2012(03):108-110.

[35] 李松龄. 技术要素市场化配置改革的理论逻辑与制度选择[J]. 湖南财政经济学院学报,2021,37(03):14-24.

[36] 李莹莹. 美国消费者集团诉讼制度评析[J]. 经济视角(中旬),2012(03):100-101+105.

[37] 李裕瑞,尹旭. 镇域发展研究进展与展望[J]. 经济地理,2019,39(07).

[38] 李志斌,周麟,沈体雁. 国内开发区研究热点与进展[J]. 区域经济评论,2022(01):155-160.

[39] 李志强,赵磊. 劳动力有序流动的法律规制与路径选择[J]. 湖北社会科学,2021(02):125-133.

[40] 刘彬,李群. 国内外技术转移与交易综合科技服务模式对江西的启示[J]. 科技广场,2020(05):79-86.

[41] 刘芳,伍灵晶. 深圳市推进土地要素市场化配置的实践与思考[J]. 中国国土资源经济,2021,34(09):76-81.

[42] 刘国信. 网络交易新规为消费者护航[N]. 中国审计报,2021-06-28(007).

[43] 刘佳颖,乔松,靳冬. 浅析互联网招投标交易平台的需求管理[J]. 中国建设信息化,2021(15):76-77.

[44] 刘蕾. 关于第三方电子交易平台运营模式的几点思考[J]. 中国招标,2021(08):40-42.

[45] 刘忠远. 基于要素整合的区域内产业协调发展研究[D]. 武汉理工大学,2011.

[46] 鹿一民. 欧盟、英国和德国法中的消费者概念之比较[J]. 中国外资,2014

(02)：4-6.

[47] 农江海. 服务型政府视角下开发区管理模式创新研究［D］. 广西大学，2012.

[48] 平庆忠. 交易平台的专业化［J］. 中国招标，2017（35）：4-6.

[49] 平庆忠. 浅议公共服务平台建设运营模式［J］. 中国招标，2017（43）：4.

[50] 平庆忠. 招标投标领域大数据战略的超前布局［J］. 中国招标，2017（49）：14-15.

[51] 乔松. 电子招标投标交易平台建成后的运营管理研究［J］. 中国信息化，2021（08）：60-61.

[52] 邱继兴. 优化营商环境要注重企业需求导向［J］. 新湘评论，2018（05）：27.

[53] 瞿伟. 价值链视角下城市群产业协调发展研究［D］. 成都理工大学，2016.

[54] 任丛丛. 美国消费者联盟与我国消费者协会之比较［J］. 山东省农业管理干部学院学报，2011，28（02）：56-57+62.

[55] 宋为，陈安华. 浅析浙江省特色小镇支撑体系［J］. 小城镇建设，2016（3）.

[56] 宋晓梧. 提高劳动力等要素市场化配置水平［N］. 经济日报，2020-04-13（005）.

[57] 苏晓智，张波. 创新型消费者权益保护体系构建研究——以美国20世纪60年代消保运动为借鉴［J］. 湖北社会科学，2013（09）：96-99.

[58] 孙斌，王亮文. 城市群产业协调发展研究综述［J］. 科技和产业，2019，19（12）：54-58.

[59] 孙崇明. 转型升级进程中开发区治理体制的创新研究［D］. 苏州大学，2018.

[60] 孙红玲. 论产业纵向集聚与财政横向均衡的区域协调互动机制［J］. 中国工业经济，2010（04）：24-34.

[61] 孙启泮. 劳动力要素市场化配置路径选择研究［J］. 山东工会论坛，2020，26（06）：15-20.

[62] 孙轩. 城市群产业协调发展的多指数评价与分析［J］. 城市与环境研究，2016（03）：99-110.

[63] 王俊锋，黄小勇. 开发区行政化的内在逻辑：路径与动因［J］. 开发研究，2021（03）：139-146.

[64] 王俊锋. 中国开发区制度扩散机制研究［D］. 中共中央党校，2021.

[65] 王克强，熊振兴，高魏. 工业用地使用权交易方式与开发区企业土地要素产出弹

性研究［J］．中国土地科学，2013，27（08）：4-9．

［66］王明定，王宁．美国消费者权利保护制度及其借鉴价值分析［J］．中国工商管理研究，2009（11）：61-63．

［67］王佩洪．公共资源交易平台的数据安全要求及检测分析［J］．网络安全和信息化，2021（07）：115-117．

［68］王启轩．中国开发区空间格局演进特征及治理启示——以国家级开发区为例［J］．城乡规划，2022（02）：62-72．

［69］王文君，李宏，陈晓怡，叶京，刘栋．发达国家技术交易平台运行机制及管理制度［J］．科技导报，2020，38（24）：45-52．

［70］王杨森．我国开发区管理体制比较与创新研究［D］．福州大学，2011．

［71］吴亚娅．我国技术交易市场现状与发展对策研究［J］．江苏科技信息，2018，35（18）：1-4．

［72］向丽，胡珑瑛．中国十大城市群工业空间布局与区域发展协调性评价与比较［J］．统计与决策，2018，34（05）：107-111．

［73］谢文武，朱志刚．特色小镇创建的制度与政策创新——以玉皇山南基金小镇为例［J］．浙江金融，2016（09）．

［74］谢秀红．国内外技术转移机构的调查与研究［J］．江苏科技信息，2016（34）：64-66．

［75］徐天铁．统筹城乡进程中镇域经济发展研究——以淄博市为例［J］．科技经济导刊，2018，26（34）．

［76］许林波．刍议英国消费者权益保护立法的新动态［J］．黑龙江省政法管理干部学院学报，2015（05）：134-137．

［77］杨朝远，杨羊，汪传江．从开发区产业转型升级到区域协调发展：以长江经济带为例［J］．云南社会科学，2022（01）：132-139．

［78］杨立新，王占明．全球消费者行政设置述评［J］．河南财经政法大学学报，2013，28（01）：134-149+158．

［79］杨昀．境外消费者权益保护的启示［J］．上海人大月刊，2014（08）：14-15．

［80］杨志勇，文丰安．优化营商环境的价值、难点与策略［J］．改革，2018（10）：5-13．

［81］殷方升．公共资源交易中心如何做好交易见证服务［J］．中国招标，2021

（10）：89-90.

[82] 于毅. 开发区管理体制改革研究 [D]. 山东大学，2021.

[83] 郁建兴，高翔. 浙江省"最多跑一次"改革的基本经验与未来 [J]. 浙江社会科学，2018（04）：76-85.

[84] 袁政. 公共领域马斯洛现象与政府规模扩张分析 [J]. 公共管理学报，2006（01）：5-12.

[85] 张兰廷，阳镇. 国家级经济技术开发区转型问题研究综述 [J]. 中国名城，2017（02）：10-15.

[86] 张武，李海红. 新型城镇化建设与产业协调发展问题研究 [J]. 统计与咨询，2014（05）：32-33.

[87] 张溪. 农村土地流转交易机制和制度存在的问题与改进建议研究 [J]. 农业技术经济，2021（02）：146.

[88] 张新帅. 论城市群、产业集聚与区域协调发展 [J]. 全国流通经济，2019（06）：77-79.

[89] 张亚宁. 健全完善人才流动市场机制 [N]. 中国社会科学报，2020-07-15（006）.

[90] 张跃胜. 平台经济领域反垄断专辑 [J]. 管理学刊，2021，34（02）：2.

[91] 赵民，王启轩. 我国"开发区"的缘起、演进及新时代的治理策略探讨 [J]. 城市规划学刊，2021（06）：28-36.

[92] 甄为佳，赵琦. 论欠发达地区小城镇建设的几个问题 [J]. 经济纵横，2016（11）.

[93] 郑方贤，王瑾. 城市综合竞争力评价的实证研究 [J]. 统计与决策，2007（13）：90-92.

[94] 周其仁. 改革的逻辑 [M]. 北京：中信出版社，2016：53+71-92.

[95] 朱红儒. 开发区法定机构治理模式研究 [D]. 广西师范大学，2021.

[96] 庄幼绯. 土地要素市场建设制度框架研究 [J]. 上海房地，2018（03）：50-52.

[97] 宗艳霞. 在消费者权益保护法中完善惩罚性赔偿制度的思考——从丰田召回事件谈起 [J]. 湖北经济学院学报（人文社会科学版），2010，7（09）：96-98.

后　记

2017年我从北京师范大学博士毕业，考入现工作单位国家发展改革委经济体制与管理研究所从事研究工作，在所领导和各位前辈的指导下先后参与了几十项各方面课题的研究。2020年借调到国家发展改革委体改司工作大半年，参与了几项重大文件的起草工作和一些重要书籍、文稿的写作工作；2023年，经组织选派，作为中组部、团中央第23批博士服务团成员，赴新疆到乌鲁木齐市发展改革委挂职学习锻炼一年。

一路走来，发现博士毕业只是起点。从高校到智库型科研机构、从科研机构到国家机关，再到地方政府部门，经过多岗位的学习锻炼，工作经历和生活阅历日渐丰富，个人认知和各方面能力也得到了一些提升。但在当前这个知识和信息都极大丰富的时代，总感觉学习进度跟不上时代变迁、心智成长跟不上年龄步伐、自身积累和沉淀还远远不够承担肩上的责任，需要学习的领域很多但精力有限，这也许就是一位中年科研大叔的焦虑吧。

世界每天都在变，但每个人总会逐渐形成一些相对固定的认知世界的方式方法。在谋划选题、整理书稿过程中，我就一直在思考我应该写一本什么书，我有什么方式方法是可以和别人分享、请前辈和朋友指正的？通过对近几年我参与的各方面研究工作的梳理，最终决定以马克思主义政治经济学中的社会再生产理论为依托，以生产、分配、交换、消费的社会再生产循环为主线将这些研究工作串起来，构建本书的篇章结构。

本书分三大部分，分别是基础理论篇、理论与实践篇、场景应用篇。在第一部分"基础理论篇"，主要阐述的是我构建的一个宏观经济分析框架,该框架以马克思主义政治经济学中的社会再生产循环为"纲",将社会再生产循环的各环节与西方经济学的相关理论进行比较,进而理清对经济增长逻辑的理解。该部分内容在我的博士学位论文中已有初步思考,最终成稿于2018年底,之后我在工作中一直尝试以该宏观经济分析框架去理解各种宏观经济政策,按照该框架将各类宏观经济政策进行分类,可以形成一个有条理有逻辑的宏观经济政策体系,可以更好理解政策制定的目标和意图。

在第二部分"理论与实践篇",我按照生产、分配、交换、消费四个社会再生产环节构建框架。生产环节涉及企业等市场主体,营商环境于他们而言至关重要,所以对应该环节阐述了优化营商环境的逻辑及地方政府优化营商环境的经验做法。消费环节涉及广大消费者,消费环境于大家而言至关重要,所以对应该环节阐述了我国消费环境的薄弱环节、改进方向,以及其他国家保护消费者权益的经验做法。交换环节(流通环节)涉及市场交易,是联系供给方和需求方的重要纽带,是商品和服务实现价值的"惊险的一跃",所以对应该环节阐述了当前我国建设全国统一大市场的逻辑及以交易平台为抓手推进全国统一大市场建设的实践探索。分配环节涉及所有劳动参与方,与每个人的利益息息相关,所以对应该环节阐述了热点前沿数据要素参与收入分配的逻辑。

在第三部分"场景应用篇",我以"平台"为切入点,变换视角,将交易中心、开发区、城市均从"平台"角度进行理解。"平台"一定是汇聚了大量供需双方的载体,而不是我们通常理解政府投融资平台那样的"工具"。"平台"除了汇聚大量供需双方之外,还需要配套众多的检验检测(质量保障)、认证、交易保障(资金流)、物流运输服务(物流)等第三方服务提供方。以"平台"视角去研究各类载体,去看一看在该类载体上供需双方交易的标的是什么?谁在提供第三方服务?还有哪些配套措施可以进一步完善?社会再生产循环如何依托该类平台载体实现良性循环等。

本书是我近些年的一些研究心得和成果,有一些亮点和新观点,但不足之处也很多。虽然在努力尝试构建一个宏观经济分析框架，想提供一种新的研究思路和视角，但是由于积累和沉淀还不够，本书在框架结构和内容填充等方面都还存在很多有待改进提升的空间。如第一部分提出将"创新"纳入分析框架，拓展社会再生产循环链条，但由于个人未涉及相关领域的研究，在第二部分关于"创新"环节就没有对应的章节内容。如第二部分对应生产、分配、交换、消费每个环节均只选取一个相关主题进行研究、完整性不足；对消费、交换、分配三个环节的分析，理论性有待提升；对交换环节的分析，仅选择前沿热点进行分析，代表性不足。另外，第三部分虽然将开发区和城市视为平台载体来构建章节框架，但在研究中，还是在应用常规视角进行分析，创新性不足。这些都是未来我需要努力补足的短板，敬请批评指正。

回想这些年，忙忙碌碌、东奔西走，在奔忙中长了阅历、增了见识，在忙碌中提了能力、攒了成果。借这个机会，我必须要感谢委（国家发展改革委）、院（中国宏观经济研究院）、所（经济体制与管理研究所）各位领导和前辈的关怀指导和传帮带，感谢组织的信任和培养，感谢一路走来给予我支持和帮助的各位亲朋好友，没有他们，我就不会获得这些珍贵的学习锻炼机会，也不会快速成长起来。对于本书的出版，我要衷心感谢经济日报出版社的领导和编辑老师，正是因为他们高效专业、严谨负责的工作，本书才能得以顺利出版。最后，我还要特别感谢我的爱人，因为有她在背后的坚定支持和默默付出，我才能有更多时间和精力去专心研究、实地调研、借调学习、挂职锻炼，去见识世界的更多面。

陈伟伟
2024 年 6 月 5 日